MIX
Papier aus verantwortungsvollen Quellen
Paper from responsible sources
FSC® C105338

Martina Pauly

Wie Sportvereine erfolgreich kommunizieren

am Beispiel des Gesundheitssports

Diplomica® Verlag GmbH

Pauly, Martina: Wie Sportvereine erfolgreich kommunizieren: am Beispiel des
Gesundheitssports. Hamburg, Diplomica Verlag GmbH 2012

ISBN: 978-3-8428-7244-8
Druck: Diplomica® Verlag GmbH, Hamburg, 2012

Bibliografische Information der Deutschen Nationalbibliothek:
Die Deutsche Nationalbibliothek verzeichnet diese Publikation in der Deutschen
Nationalbibliografie; detaillierte bibliografische Daten sind im Internet über
http://dnb.d-nb.de abrufbar.

Die digitale Ausgabe (eBook-Ausgabe) dieses Titels trägt die ISBN 978-3-8428-2244-3
und kann über den Handel oder den Verlag bezogen werden.

Dieses Werk ist urheberrechtlich geschützt. Die dadurch begründeten Rechte,
insbesondere die der Übersetzung, des Nachdrucks, des Vortrags, der Entnahme von
Abbildungen und Tabellen, der Funksendung, der Mikroverfilmung oder der
Vervielfältigung auf anderen Wegen und der Speicherung in Datenverarbeitungsanlagen,
bleiben, auch bei nur auszugsweiser Verwertung, vorbehalten. Eine Vervielfältigung
dieses Werkes oder von Teilen dieses Werkes ist auch im Einzelfall nur in den Grenzen
der gesetzlichen Bestimmungen des Urheberrechtsgesetzes der Bundesrepublik
Deutschland in der jeweils geltenden Fassung zulässig. Sie ist grundsätzlich
vergütungspflichtig. Zuwiderhandlungen unterliegen den Strafbestimmungen des
Urheberrechtes.

Die Wiedergabe von Gebrauchsnamen, Handelsnamen, Warenbezeichnungen usw. in
diesem Werk berechtigt auch ohne besondere Kennzeichnung nicht zu der Annahme,
dass solche Namen im Sinne der Warenzeichen- und Markenschutz-Gesetzgebung als frei
zu betrachten wären und daher von jedermann benutzt werden dürften.

Die Informationen in diesem Werk wurden mit Sorgfalt erarbeitet. Dennoch können
Fehler nicht vollständig ausgeschlossen werden, und der Diplomica Verlag, die Autoren
oder Übersetzer übernehmen keine juristische Verantwortung oder irgendeine Haftung
für evtl. verbliebene fehlerhafte Angaben und deren Folgen.

© Diplomica Verlag GmbH
http://www.diplomica-verlag.de, Hamburg 2012
Printed in Germany

Inhalt   I - II

1. Einleitung   1
   1.2 Methodologie   4

2. Der Gesundheitssport als Nonprofit-Leistung   6
   2.1 Der Sportverein als Nonprofit-Organisation   6
   2.2 Gesetzliche Rahmenbedingungen für den Gesundheitssport   7
   2.3 Merkmale von Nonprofit-Leistungen   7
      2.3.1 Die Notwendigkeit zur permanenten Bereitstellung der Leistungsfähigkeit   8
      2.3.2 Die Integration des externen Faktors bei der Leistungserbringung   9
      2.3.3 Die Immaterialität von Nonprofit-Leistungen   9
   2.4 Was ist Gesundheitssport?   10
      2.4.1 Zertifizierung von Gesundheitssportkursen   11

3. Die Kommunikationspolitik im Nonprofit-Marketing   13
   3.1 Der Kommunikationsbegriff   13
   3.2 Die Kommunikationspolitik als ein Instrument des Marketing-Mix 14
   3.3 Aufgaben der Kommunikationspolitik   17
   3.4 Die Notwendigkeit zum Aufbau einer Corporate Identity   19
   3.5 Corporate Image und Reputation   20
   3.6 Der Verein als Marke   21
   3.7 Kommunikationsfelder   22
      3.7.1 Institutionelle Kommunikation   23
      3.7.2 Marketingkommunikation   24
      3.7.3 Dialogkommunikation   24
   3.8 Kommunikationsinstrumente   25
      3.8.1 Interne Kommunikation   25
         3.8.1.1 Instrumente der internen Kommunikation zur Informierung der Mitglieder/Mitarbeiter   26
         3.8.1.2 Instrumente der internen Kommunikation zur Mitglieder/Mitarbeiterbindung   28
      3.8.2 Externe Kommunikation   29
         3.8.2.1 Öffentlichkeitsarbeit   29
         3.8.2.2 Pressearbeit   33
         3.8.2.3 Werbung   36
         3.8.2.4 Event-Marketing   39
   3.9 Die integrierte Kommunikation im Sportverein   40

4. Die Kommunikationspolitik in der Praxis   43
   4.1 Analyse: Wo stehen wir?   43
   4.2 Planung: Wo wollen wir hin?   45
      4.2.1 Bestimmung der Kommunikationsziele   45
         4.2.1.1 Kognitiv-orientierte Kommunikationsziele   45
         4.2.1.2 Affektiv-orientierte Kommunikationsziele   46
         4.2.1.3 Konativ-orientierte Kommunikationsziele   47
      4.2.2 Zeit- und Budgetplanung   48

4.2.3 Planungsstrategien 48
    4.2.3.1 Segmentierung von Anspruchsgruppen nach Motiven 48
    4.2.3.2 Reha-Sport: Anspruchsgruppen und ihre Motive 50
    4.2.3.3 Präventiv-Sport: Anspruchsgruppen und ihre Motive 50
4.2.4 Die Kommunikationsbotschaft 52
4.2.5 Die Gestaltungsart 52
4.2.6 Slogan oder Claim? 52
4.2.7 Mediaplanung 53
4.3 Implementierung: Was können wir unternehmen? 56
    4.3.1 Strukturelle Verankerung der PR- und Öffentlichkeitsarbeit 56
    4.3.2 Beispiele für Kommunikationsmaßnahmen 57
        4.3.2.1 Die Vereins-Website 58
        4.3.2.2 Virales Marketing 60
        4.3.2.3 Guerilla-Marketing für Sturzprophylaxe 62
4.4 Kontrolle: Sind wir angekommen? 63
    4.4.1 Kommunikationswirksamkeitskontrolle 63
    4.4.2 Zielerreichung 64
    4.4.3 Ursachenanalyse 65
    4.4.4 Konsequenzen 65

5. Ausblick 68

Literatur- und Quellenverzeichnis 71

1. Vorwort

Das Konzept der Sportvereine in Deutschland geht auf den Anfang des 19. Jahrhunderts zurück und hat bis heute Bestand. Wie weit die Begeisterungsfähigkeit eines Sportvereins greift, zeigt die heutige große Zahl der 91.000 eingetragenen Turn- und Sportvereine, in denen sich mittlerweile 8,8 Mio. Ehrenamtliche engagieren.[1]

Die Sportvereine leisten mit ihrem reichhaltigen Angebot auch einen wesentlichen Beitrag zur Mitgestaltung einer gesundheitlich leistungsfähigen und damit zukunftsfähigen Gesellschaft. Dabei sind die Vereine vor allem geprägt durch nicht-ökonomische Zielsetzungen wie dem Gemeinnützigkeitsgedanken, der Gemeinwohlorientierung und dem Ehrenamt.

Eine weitere wesentliche Funktion der Sportvereine bezieht sich auf die Übernahme von staatlichen Aufgaben des Sportwesens wie dem Schulsport, Spitzensport und der Sportförderung. Die Sportvereine als gesundheitsfördernde Institution zeichnen sich vor allem durch ihre Eigenschaft aus, dass sie, dank ihrer vielfältigen Erscheinungsformen und Angebotsstrukturen, Menschen aller Altersgruppen und aus verschiedensten sozialen Herkunftsbereichen erreichen und ihnen zu einer gesünderen Lebensführung verhelfen können. Ein Umstand, den sich auch die Politik im Rahmen von Public-Health-Programmen zu Nutze macht. Angesichts eines durch Bewegungsmangel und Fehl- oder Überernährung gekennzeichneten Lebensstils vieler Bundesbürger, versuchen die zuständigen Ministerien auf Bundes- und Landesebene seit einigen Jahren mit Hilfe von Ernährungs- und Gesundheitsförderungsprogrammen über die damit einhergehenden Erkrankungsrisiken aufzuklären und darüber hinaus zu einer gesünderen Ernährung und mehr Bewegung zu motivieren.[2]
Dem organisierten Sport fällt im Rahmen solcher Public-Health-Programme von politischer Seite eine wichtige Rolle mit Blick auf die Umsetzung dieser Gesundheitskampagnen zu, zumal diese Programme auf eine beachtliche Infrastruktur mit einem flächendeckenden Netz von Turn- und Sportvereinen zurückgreifen können.

Darüber hinaus wird nicht nur die Quantität, sondern auch die Qualität des Gesundheitssports gefördert. So einigte sich beispielsweise der organisierte Sport unter der Federführung des Deutschen Olympischen Sportbundes (DOSB) auf gemeinsame Kernziele und Qualitätskriterien für den Gesundheitssport, deren Anwendung ein Zertifizierungsprogramm[3] umfasst.
Diese Entwicklung führt zu der Fragestellung, inwiefern die auf ehrenamtliche Mitarbeit angewiesenen Vereine den hohen Qualitätsansprüchen der Gesundheitssportprogramme gerecht werden können. Wie sieht die Realität in den deutschen Sportvereinen aus?

---

[1] Breuer/Wicker, Sportentwicklungsbericht 2009/2010, S.11.
[2] z.B. mit der nationalen Initiative „IN FORM" der Bundesministerien für Ernährung, Landwirtschaft und Verbraucherschutz und des Bundesministeriums für Gesundheit.
[3] Vgl. Zertifikate „Sport pro Gesundheit" des Deutschen Olympischen Sportbundes, „Pluspunkt Gesundheit" des Deutschen Turnerbundes, „Gesund und fit im Wasser" des Deutschen Schwimmverbandes.

Anhand der im Sportentwicklungsbericht 2009/10[4] genannten statistischen Daten wird deutlich, dass sich das Konzept des Gesundheitssports im Grunde noch nicht flächendeckend in den Vereinen durchgesetzt hat. Vordergründig lobt der Bericht, dass 31% der an der Umfrage beteiligten Vereine Kursangebote zur allgemeinen Gesundheitsförderung und der Primärprävention in ihrem Programm haben. Bei genauer Betrachtung ist hingegen festzustellen, dass nur 4,7% der Vereine Kurse im Rahmen des - weitaus anspruchsvolleren - Gesundheitssports für Menschen mit Behinderung oder chronischen Erkrankungen anbieten. Lediglich 4,5% der Vereine sind auf dem Gebiet der Rehabilitation oder Tertiärprävention tätig. Insgesamt haben im Mittel nur 11,0 % der Sportangebote einen allgemeinen Gesundheitsbezug. Die Gründe für das niedrige Durchsetzungsniveau werden im Bericht nicht genannt. Dennoch kann der allgemeine Rückschluss gezogen werden, dass die überwiegende Mehrzahl der Vereine entweder nicht in der Lage ist oder kein Interesse hat, sich im Gesundheitssport zu engagieren.

Mit Blick auf die beschriebene Sportversorgung der Bevölkerung ist von Bedeutung, dass über die Hälfte aller Sportvereine auch Kursangebote für Nichtmitglieder offerieren. Laut Sportentwicklungsbericht können Nichtmitglieder über ein Drittel der Sportangebote der Sportvereine im Rahmen eines Kursangebots nutzen. Dabei ist der Anteil der Vereine, die seit dem Jahr 2007[5] Kurse für Nichtmitglieder anbieten, signifikant um knapp 59% gestiegen. Diese angestoßene Entwicklung stellt den Sportverein vor eine neue Herausforderung:
Er agiert nun auch als unmittelbarer Marktteilnehmer und ist damit der Marktdynamik von Angebot und Nachfrage ausgesetzt.
Im Zentrum der Vereinsaktivitäten steht neben dem Vereinsmitglied jetzt auch der Kunde als Nichtmitglied. Dies hat zur Folge, dass neben den genannten nicht-ökonomischen Zielsetzungen nun marktökonomische Aspekte an Bedeutung gewinnen. Eine Feststellung, die die Frage aufwirft, inwiefern sich die Vereinsverantwortlichen über die Folgen dieser Entwicklung für das Vereinsmanagement insgesamt und die Kommunikationspolitik im Speziellen bewusst sind.
Der aktuelle Sportentwicklungsbericht gibt hierüber keine Auskunft.

Bei einem Blick auf die Vereinsphilosophie heutiger Vereine ist eine Neuausrichtung des klassischen Selbstverständnisses bislang jedoch nicht zu erkennen. Der Kern der Vereinstätigkeit bilden weiterhin die traditionelle Mitgliedschaft und die ehrenamtliche Unterstützung. Zu den beliebtesten Vereinszielen gehören nach wie vor traditionelle Werte wie Fair Play, Gleichberechtigung von Mann und Frau, Toleranz sowie Gemeinschaft und Geselligkeit. Neue Herausforderungen und Themen wie der Gesundheitssport finden nur selten Eingang in die Vereinsphilosophie.

Trotz der positiven historischen Entwicklung, offenbart der aktuelle Sportentwicklungsbericht eine Reihe von teils Existenz bedrohenden Problemen, denen sich die heutigen Sportvereine gegenüber sehen. Hierzu gehört vor allem die zunehmende Schwierigkeit, ehrenamtliche Funktionsträger, Übungsleiter und Trainer sowie neue Mitgliedern zu binden bzw. zu gewinnen. Diese Feststellung

---

[4] Breuer/Wicker, Sportentwicklungsbericht 2009/2010, S.7.
[5] Betrachtungszeitraum des ersten Sportentwicklungsplans 2007/08.

führt zu der Frage, welche Mittel dem Verein zur Verfügung stehen, um diesem negativen Trend entgegenzuwirken?

Die vorliegende Untersuchung will zeigen, dass ein durchdachtes Kommunikationskonzept dem Verein Handlungsspielraum gibt, um mit werbewirksamen und effizienten Instrumenten hierauf zu reagieren.

Die gegenwärtige gesellschaftliche Entwicklung in Richtung einer stärkeren Individualisierung, verbunden mit dem gleichzeitigen Wunsch nach Ungebundenheit und Flexibilität[6] birgt zweifellos eine Reihe von Risiken für den traditionellen Sportverein. Der Sport zeichnet sich heutzutage durch eine hohe Substituierbarkeit aus.[7] Die Vielfalt des Sports lässt manche Sportarten und –formen schnell durch andere ersetzen. Für einen Freizeitsportler kann es egal sein, ob er sich mit Joggen oder Fußball fit hält. Es kommt in erster Linie auf die subjektiv erlebte Spannung an. Diese Entwicklung wird mit dem Begriff des multi-optionalen Sportkonsumenten[8] beschrieben, der – analog zum allgemeinen Konsumverhalten – die verschiedenste Sportarten und –formen konsumiert, und zwar im Verein oder in Studios oder gänzlich unorganisiert.

Und schließlich steht der Sport generell in einem starken Wettbewerb mit einer Vielzahl anderer Erlebnis versprechender Angebote, die als Reaktion auf die zunehmende Erlebnisnachfrage unserer Gesellschaft beinahe täglich neu entstehen. Wie kann es dem traditionellen Sportverein hier gelingen, sich im allgemeinen Werberauschen und gegenüber der hoch entwickelten Freizeitindustrie Gehör zu verschaffen?

Angesichts des steigenden Bedarfs an gesundheitssportlichen Angeboten, der im Zuge der unabwendbaren Überalterung der bundesdeutschen Gesellschaft zu erwarten ist, bietet der Gesundheitssport eine große Chance für Sportvereine, sich auf dem Sektor des Präventiv- und Rehabilitationssports zu etablieren.

Allerdings ist der Markt für Gesundheitssport, aufgrund des großen wirtschaftlichen Potenzials und damit der Vielzahl an gewerblichen Marktteilnehmern, schon lange kein geschützter Bereich mehr. Eine Tatsache, die laut Sportentwicklungsbericht von den Sportvereinen mit einem Gesundheitssportangebot besonders stark wahr genommen wird.[9]

In Anbetracht dieses tiefgreifenden gesellschaftlichen Strukturwandels erkennen die Sportvereine zwar oftmals die Notwendigkeit zum Change-Management und zur Professionalisierung, aber in der Praxis: „haben zu viele Sportvereine im Hinblick auf das Handlungsfeld Sport und Gesundheit noch kein klares Vereinsprofil und keine eindeutige Zukunftsausrichtung."[10]

---

[6] Vgl. Opaschowski (2006), *Die 10 Gebote des 21. Jahrhunderts*.
[7] Vgl. Freyer (2011), S. 113.
[8] Ebd.
[9] Breuer/Wicker, Sportentwicklungsbericht 2009/10, S. 16-18.
[10] Madlik (2011), S. 21.

Der Gedanke des Nonprofit-Marketings ist bei der überwiegenden Mehrheit der Vereinsverantwortlichen entweder noch nicht angekommen oder mit Vorurteilen behaftet. Was im Wirtschaftsleben üblich und verbreitet ist, wird von Vertretern der Sportvereine gerne als unangemessen betrachtet. Marketing wird als „profitorientiertes und privatwirtschaftlich organisiertes Element angesehen,"[11] das nichts mit den solidarischen Zielen des auf Gemeinnützigkeit ausgerichteten Vereinswesens zu tun hat. Trotz dieser Vorbehalte ist gegenwärtig ein Prozess des Umdenkens zu beobachten, der z.B. an den ehrgeizigen Projekten der Landessportbünde erkennbar ist. Sie unterstützen die Sportvereine mit Hilfe von Beratungs- und Informationsportalen im Internet oder mit speziellen Öffentlichkeitskampagnen[12], die sie „im Sinne einer gezielten Marketingstrategie für die Positionierung des gesundheitssportlichen Sports und seiner Produkte landesweit auf allen Organisationsebenen führen."[13] Jetzt liegt es an den Vereinen, sich zur Sicherung ihrer Zukunft auf diese oder ähnliche Programme einzulassen und sich der gesellschaftlichen Entwicklung anzupassen.

Vor diesem Hintergrund will das vorliegende Buch beispielhaft aufzeigen, auf welche Weise Sportvereine, die sich aus marktstrategischen Gründen für den Gesundheitssport entschieden haben, von einem professionellen Kommunikationskonzept mit Blick auf die obigen Fragestellungen profitieren können.

Die beschriebene Kommunikationspolitik ist dabei lediglich als ein, wenngleich wichtiges, Instrument des operativen Marketing-Mix und damit als ein Bestandteil des systematischen Nonprofit-Marketings zu verstehen. Sie ersetzt nicht das Gesamtkonzept des strategischen Nonprofit-Marketings, sondern dient im Zusammenspiel mit der Produkt-, Leistungs- und Preispolitik vor allem der Umsetzung der zuvor erarbeiteten Marketingstrategie und letztlich der Erreichung der jeweiligen Vereinsziele.

Dabei sollte den Vereinsverantwortlichen auch klar sein, dass es nicht ausreicht, über ein Qualitätsangebot zu verfügen. Es gilt vielmehr, die Position und Leistungen des Vereins im Rahmen einer strategischen Kommunikationspolitik allen internen und externen Anspruchsgruppen gegenüber effektiv zu vermitteln. Die vorliegende Untersuchung enthält deshalb eine Vielzahl an konkreten kommunikationspolitischen Handlungsempfehlungen. Mit der konsequenten Anwendung der Kommunikationsinstrumente im Rahmen einer systematischen Kommunikationspolitik sollte es den Verantwortlichen der Sportvereine gelingen, ihre Chancen auf dem Markt für Gesundheitssport wahrzunehmen.

1.2 Methodologie

Dem vorliegenden Kommunikationskonzept liegen konkrete empirische Untersuchungen zu Grunde, die als wichtiges Instrument zur Situationsanalyse in den Sportvereinen und zur Motivanalyse der jeweiligen Anspruchsgruppen die-

---

[11] Freyer (2011), S. 50.
[12] Z.B. die aktuelle Öffentlichkeitskampagne des LSB NRW: „Überwinde deinen inneren Schweinehund"
[13] Madlik (2011), S. 39.

nen. Die vorliegende Untersuchung basiert deshalb größtenteils auf den Ergebnissen von teils wissenschaftlichen Untersuchungen zum Thema Sportvereine und Gesundheitssport in Deutschland.

Mit Blick auf die gegenwärtige Quellenlage fällt auf, dass bislang nur vereinzelte systematische Marketingkonzepte und –strategien speziell für den organisierten Sport entwickelt wurden. Eine eigenständige, theoretisch anspruchsvolle und empirisch fundierte Sportökonomik, die in der Lage ist, den Besonderheiten des deutschen Sportwesens angemessen Rechnung zu tragen, scheint noch am Anfang zu stehen.

Die vorhandene Fachliteratur beklagt zudem eine generelle Ökonomieferne der Sportwissenschaft.[14] Zweifellos ist gegenwärtig noch ein großes Potenzial für die Entwicklung spezifischer Marketingansätze für den organisierten Sport vorhanden. Die Untersuchungen von Bruhn und Freyer, die zu den weinigen vorhanden Standardwerken gehören, finden deshalb hier vor allem Anwendung.

Darüber hinaus wurden das vom Landessportbund NRW entwickelte Beratungs- und Informationsportal für Vereinsmanagement (VIBSS) als Quelle herangezogen, da dieses Angebot eine Vielzahl von Einzelempfehlungen für Sportvereine bereithält. Zudem widmet sich die vorliegende Studie nur am Rande mit dem gesamten Nonprofit-Marketing, da dieser Themenkomplex eine eigenständige Untersuchung rechtfertigt. Ferner werden die Erkenntnisse aus der Kommunikationswissenschaft und der Verhaltensforschung im Zusammenhang mit Aussagen über die Funktionsweise menschlicher Kommunikation und die Motive für menschliches Verhalten herangezogen. Die hierunter genannten Aufzählungen sind beispielhaft und nicht als vollständig zu verstehen. Zum Zwecke der besseren Lesbarkeit werden Begriffe und Formulierungen im vorliegenden Buch in der männlichen Grammatikform genannt, die weibliche Schreibweise ist damit ausdrücklich eingeschlossen.

---

[14] Vgl. Freyer (2011), S. 67.

2. Der Gesundheitssport als Nonprofit-Leistung

Gegenstand dieser Untersuchung bilden gemeinnützige Sportvereine in Deutschland mit einem gesundheitssportlichen Angebotsschwerpunkt.

2.1 Der Sportverein als Nonprofit-Organisation

Der Sportverein als Nonprofit-Organisation ist nach Bruhn[15] definiert als „eine nach rechtlichen Prinzipien gegründete Institution, die durch ein Mindestmaß an formaler Selbstverwaltung, Entscheidungsautonomie und Freiwilligkeit gekennzeichnet ist und deren Organisationszweck primär in der Leistungserstellung im nicht-kommerziellen Sektor liegt." Rechtlich gesehen handelt es sich bei dem Sportverein um einen nichtwirtschaftlichen Idealverein, der den gesetzlichen Regelungen des BGB[16] unterliegt.

Darüber hinaus zeichnet sich der Sportverein im Speziellen durch eine Reihe von Besonderheiten aus, die ihn von kommerziellen Organisationen abgrenzen.[17] Die Zielsetzungen von Sportvereinen sind zumeist heterogen und komplex. Neben dem Angebot von Möglichkeiten zur sportlichen Freizeitgestaltung verschreiben sich die Vereine vor allem den genannten ideellen und monetär nicht messbaren Zielen wie Geselligkeit, Solidarität, Fairness, Gleichstellung von Mann und Frau sowie sportliche Förderung von Kindern und Jugendlichen. Das Kerngeschäft der Sportvereine bildet die Durchführung von Kursen verschiedener Sportdisziplinen und umfasst in erster Linie Dienstleistungen, die im Falle des hier untersuchten Gesundheitssports auch als therapeutische und kurative Maßnahmen verstanden werden können.

Nonprofit-Organisationen unterliegen einer hohen Anspruchsgruppenorientierung, die auf nicht schlüssige Tauschbeziehungen auf den Nonprofit-Märkten zurück zu führen ist. So ist der Leistungsempfänger im Gesundheitssport nicht immer auch der Kostenträger, z.B. bei Kostenübernahme durch die Krankenkassen/-versicherungen oder Betriebe.

Anders als im kommerziellen Bereich, müssen Sportvereine ihre diversen Anspruchsgruppen im Blick haben. Diese Anspruchsgruppenorientierung erfordert ein Beziehungsmanagement (Relationship Management) und ein Denken im Beziehungslebenszyklus.
Im konkreten Fall umfasst der Beziehungslebenszyklus für ein Vereinsmitglied die Akquisition, Bindung oder Rückgewinnung sowie Kündigung von Mitgliedern, ehrenamtlich engagierten Mitgliedern und ggf. von Mitarbeitern.

Eine weitere Besonderheit bezieht sich auf die beschränkten Ressourcen, die von gemeinnützigen Organisationen für Nonprofit-Marketing bereit gestellt werden. Die Finanzierung von Marketingmaßnahmen wird in Sportvereinen oftmals

---

[15] Bruhn (2005), S. 33.
[16] BGB, §§ 21 ff.
[17] Vgl. Bruhn (2005), S. 42 ff.

als nicht als notwendige Investition zur Zukunftssicherung betrachtet. Sportvereine laufen deshalb Gefahr, an der falschen Stelle zu sparen.

Daneben erschwert das Fehlen einer formalisierten Mitarbeiter- und Organisationsstruktur in den Vereinen oftmals das Durchsetzen von Entscheidungen. Aufgrund der satzungsgemäß vorgeschriebenen demokratischen Organisationsstruktur, die zumeist nur eine jährliche Mitgliederversammlung vorsieht, sind die Vereine oftmals schwerfällig in ihrer Entscheidungsfindung.

Symptomatisch für Nonprofit-Organisationen ist außerdem das häufige Fehlen einer konsequenten Anspruchsgruppenorientierung. Die Versuche von Nonprofit-Organisationen, Anspruchsgruppen so zu beeinflussen, dass sie gegen ihren Willen und im Sinne der Organisation handeln, sind zum Scheitern verurteilt, wenn die Anspruchsgruppen nicht über ihre Motive angesprochen werden (siehe dazu Kapitel 4.2.3.1).

2.2 Gesetzliche Rahmenbedingungen für den Gesundheitssport

Für die Gesundheitsförderung im Speziellen gelten in Deutschland eine Reihe von Bestimmungen aus dem Sozialgesetzbuch (SGB), die als rechtliche Grundlage für das Gesundheitssportangebot in Kooperation, z.B. mit den Krankenkassen/-versicherungen und mit Betrieben relevant sein können. Hierzu gehören:
SGB V (gesetzliche Krankenversicherung), insbesondere §20: Prävention und Selbsthilfe; §20a betriebliche Gesundheitsförderung; §20b Prävention arbeitsbedingter Gesundheitsgefahren; §20c Förderung der Selbsthilfe. §40 in Verbindung mit §39 SGB I über den Anspruch auf Rehabilitation mit Kostenübernahme durch die Krankenkassen.
SGB VII, 2. Kapitel: §15 Unfallverhütungsvorschriften, 3. Kapitel: §26: Heilbehandlungen sowie SGB IX, Rehabilitation und Teilhabe behinderter Menschen und hier insbesondere §84: Prävention.

2.3 Merkmale von Nonprofit-Leistungen

Wie bereits erwähnt, bieten Sportvereine im Wesentlichen Dienstleistungen an, die in der Marketingliteratur[18] durch drei konstitutive Merkmale definiert werden:

1. **die Notwendigkeit zur permanenten Bereitstellung der Leistungsfähigkeit der Nonprofit-Organisation**,

2. **die Integration des externen Faktors** (hier: des Leistungsempfängers)

3. **die Immaterialität von Nonprofit-Leistungen**.

---
[18] Ebeda, S. 385-387.

Diese besonderen Merkmale haben auch Implikationen auf die Kommunikationspolitik von Nonprofit-Organisationen wie dem Sportverein. Der vorliegenden Untersuchung liegt die Definition des Begriffes Nonprofit-Leistung in Anlehnung an Meffert und Bruhn[19] zu Grunde, die Nonprofit-Leistungen verstehen als

> *„selbständige Leistungen, die mit der Bereitstellung und/oder dem Einsatz von Leistungsfähigkeiten verbundenen sind (Potenzialorientierung). Interne und externe Faktoren (also solche, die nicht im Einflussbereich der Nonprofit-Organisation liegen) werden im Rahmen des Erstellungsprozesses kombiniert (Prozessorientierung). Die Faktorenkombination des Nonprofit-Leistungsanbieters wird mit dem Ziel eingesetzt, an den externen Faktoren, an Menschen, deren Objekten oder Lebensräumen nutzenstiftende Wirkung zu erzielen (Ergebnisorientiertung)."*

Der in dieser Studie zugrundeliegende Begriff des Nonprofit-Marketings ist dabei nicht nur als betriebswirtschaftliche Aufgabe zu verstehen, sondern als Führungsfunktion innerhalb einer Nonprofit-Organisation, die wie folgt definiert werden kann[20]:

> *„Nonprofit-Marketing ist eine spezifische Denkhaltung. Sie konkretisiert sich in der Analyse, Planung, Umsetzung und Kontrolle sämtlicher interner und externer Aktivitäten, die durch eine Ausrichtung am Nutzen und Erwartungen der Anspruchsgruppen (z.B. Leistungsempfänger, Kostenträger, Mitglieder, Spender, Öffentlichkeit) darauf abzielen, die finanziellen, mitarbeiterbezogenen und insbesondere aufgabenbezogenen Ziele der Nonprofit-Organisation zu erreichen."*

2.3.1 Die Notwendigkeit zur permanenten Bereitstellung der Leistungsfähigkeit

Da die vom Sportverein angebotenen gesundheitsfördernden Dienstleistungen selbst nicht darstellbar sind, müssen die spezifischen Leistungskompetenzen gegenüber den identifizierten Anspruchsgruppen sichtbar gemacht werden. Es muss vermittelt werden, dass der Sportverein beispielsweise über die medizinische Kompetenz verfügt, die Gesundheitssportkurse fachgerecht und sicher durchzuführen. Diese Materialisierung des Leistungspotenzials kann z.B. durch den Hinweis auf Qualifikationsnachweise wie Diplome und Qualitätssiegel zum Ausdruck gebracht werden. Darüber hinaus muss das Fähigkeitspotenzial des Vereins deutlich werden, indem die Bereitstellung der für die Aufgabenerfüllung erforderlichen Ressourcen und Sachmittel in Form von gepflegten Kursräumen und moderner sportmedizinischer Ausstattung usw. kommuniziert wird.

Die Darstellung des fachlichen und sachlichen Fähigkeitspotenzials ist eine wesentliche Kommunikationsaufgabe, um den relevanten Anspruchsgruppen ein Bild von der Leistungsfähigkeit des Sportvereins zu vermitteln und um sich gleichzeitig gegenüber der Konkurrenz abzuheben.

---

[19] Meffert/Bruhn 2003, S. 30.
[20] Bruhn (2005), S. 63.

2.3.2 Die Integration des externen Faktors bei der Leistungserbringung

Diese zweite Besonderheit bezieht sich auf die Integration des externen Faktors, d.h. des Kursteilnehmers, in den Leistungserstellungsprozess und damit in den Kursablauf. Der Verein kann seine Aufgabe demnach nur unter Mitwirkung des externen Faktors erfüllen. Daraus ergeben sich wesentliche Aufgaben für die Kommunikationspolitik, z.B. die Reduzierung bestehender Informationsasymmetrien. Der Austausch an Informationen zwischen dem Sportverein und dem neuen Kursteilnehmer zu Beginn der Leistungserstellung ist von zentraler Bedeutung, um Unsicherheiten, Missverständnisse und Risiken auf beiden Seiten abzubauen und um eine zielgerichtete Behandlung zu gewährleisten. Dies kann beispielsweise in einem einleitenden Anamnesegespräch zwischen Kursleiter und Kursteilnehmer erfolgen.

Die persönliche Kommunikation sollte sich während des Leistungserstellungsprozesses also stets am Leistungsempfänger orientieren. Der neue Leistungsempfänger nimmt mit bestimmten Erwartungen und Bedürfnissen an den gesundheitsfördernden Sportkursen teil. Für den Erfolg dieser Sportkurse ist es deshalb entscheidend, dass die Kursleiter die Erwartungen und Bedürfnisse der Leistungsempfänger kennen und sich danach ausrichten.

Vor allem im Gesundheitssport ist neben der erforderlichen Fachkompetenz auch ein gewisses Maß an Geduld und Einfühlungsvermögen von Seiten der Kursleiter gefordert. Im Zuge der genannten Leistungsempfängerorientierung kann auch die Notwendigkeit zur individualisierten Leistungserstellung entstehen. Der Sportverein muss hier flexibel und in der Lage sein, auf die Wünsche und Bedürfnisse seiner Leistungsempfänger einzugehen und sein Leistungsangebot ggf. durch Zusatzleistungen (z.B. Abholdienst) anzupassen. Die Kommunikationspolitik hat hier die Aufgabe, über alle Zusatzleistungen des Vereins vorteilhaft zu informieren. Außerdem müssen dialogische Kommunikationsinstrumente zur Erfassung der Bedürfnisse und Rückmeldungen des Leistungsempfängers bereit gestellt werden.

2.3.3 Die Immaterialität von Nonprofit-Leistungen

Das dritte konstitutive Merkmal bezieht sich auf die Immaterialität und damit zusammenhängend auch auf die Nichtlagerfähigkeit und Nichttransportfähigkeit von Nonprofit-Leistungen. Der immaterielle Charakter des vom Verein angebotenen Gesundheitssports führt zu der Notwendigkeit der Materialisierung der Sportdienstleistung. Wie erwähnt müssen hier Überlegungen zur Materialisierung von intangiblen Leistungsbestandteilen angestellt werden.

Materielle Leistungskomponenten sind oftmals die Grundlage für Schlussfolgerungen über die Art und Qualität des Leistungsergebnisses. Kommunikationsinstrumente wie Informationsbroschüren, die einen durch seine Kleidung erkennbaren Kursleiter im Prozess der gesundheitssportlichen Leistungserfüllung unter Einbeziehung des Leistungsempfängers abbilden, geben den relevanten Anspruchsgruppen eine Vorstellung davon, was sie unter der Gesundheitssportleistung des Vereins zu verstehen haben.

Neben der Leistungsdarstellung kann die Materialisierung auch über die Vergabe von Give-aways wie Springseile, Gymnastikbänder usw. erfolgen, die von potenziellen Kunden quasi selbsterklärend als Sportgerät einsetzbar sind.

Außerdem können die von den Sportvereinen angebotenen gesundheitsfördernden Sportkurse weder im Voraus noch auf Lager produziert werden. Für die Kommunikationspolitik kann dadurch kurzfristig die Notwendigkeit zur Steuerung der Nachfrage je nach Auslastung entstehen. Mit Hilfe gezielter Werbemaßnahmen kann die Auslastung in nachfrageschwächeren Zeiten verbessert werden. Zudem spielt die Kommunikation im Rahmen des Kapazitäten-Managements eine wesentliche Rolle. Sollte die Leistungsnachfrage mit Blick auf bestimmte Kurse die Leistungskapazität des Sportvereins überschreiten, muss kommuniziert werden, dass der Leistungsempfänger beispielsweise auf einen ähnlichen Kurs zu einer anderen Tageszeit ausweichen kann.

Im Zusammenhang mit der Nichttransportfähigkeit der Vereinsleistungen hat die Kommunikationspolitik die Aufgabe, die Anspruchsgruppen über die Bedingungen der Leistungserstellung zu informieren, da die Gesundheitskurse ortsgebunden sind und selbst nicht wegbewegt werden können. Hierzu gehört die Bereitstellung von Informationen über Ort, Kursbeginn/-dauer, Kosten, Anreisemöglichkeiten, Wegbeschreibungen usw.

2.4 Was ist Gesundheitssport?

Gesundheit und Fitness sind grundlegende Motive von Menschen, Sport zu treiben. Mit regelmäßiger Ausübung erhöht sich die gesundheitliche Wirksamkeit, begleitet von ökonomischen Effekten wie der Einsparung von Kosten im Gesundheitswesen und der Verbesserung der Leistungsfähigkeit im Berufsleben.[21] Einer sportlich aktiven Lebensweise werden zudem viele andere soziale und psychologische Vorteile zugeschrieben: Menschen, die sich regelmäßig bewegen, verfügen nicht nur über eine bessere körperliche Verfassung, sondern auch über eine höhere Lebensqualität. Der organisierte Sport gilt mit seinen Sportvereinen deshalb als ein wichtiger Partner im Gesundheitssystem. Sportvereine genießen insofern einen Vertrauensvorschuss, da sie in erster Linie nicht kommerziell ausgerichtet sind, sondern zunächst das Wohl des Menschen im Blick haben. Den Sportvereinen wird zugetraut, positiv auf den Gesundheitszustand der Menschen und damit auf die Gesellschaft insgesamt einzuwirken.

Der Gesundheitssport selbst lässt sich dabei in die beiden Kategorien **Präventivsport** als gesundheitsfördernde und krankheitsvorbeugende Maßnahme und **Rehabilitationssport** (Reha-Sport) als kurative Maßnahme unterteilen. Seit langem gibt es im organisierten Sport Kampagnen, um die Gesundheitsförderung durch sportliche Aktivität zu stärken. Beispiele hierfür sind die landesweite Trimm-Dich-Kampagne oder die Initiativen „richtig fit"[22] oder „IN FORM"[23]. Qua-

---

[21] Vgl. Landesinstitut für Gesundheit und Arbeit des Landes Nordrhein-Westfalen (Hrsg.) (2010): Alltagsnahe Bewegungsförderung 60+.
[22] Kampagne des DOSB.

litätssiegel wie „Reha-Sport", „Sport pro Gesundheit"[24] oder „Gesund und fit im Wasser"[25] sollen den Sportvereinen dabei helfen, sich als Anbieter von zertifizierten Kursen am mittlerweile hart umkämpften Markt für Gesundheitssport zu behaupten. Dabei hat sich der organisierte Sport die folgenden Kernziele[26] gesetzt, um die Entwicklung eines gesunden Lebensstils zu fördern:

1. Stärkung von physischen Gesundheitsressourcen, z.B. durch regelmäßiges Ausdauertraining zur Vorbeugung gegen Herz-Kreislauf-Erkrankungen oder durch die Verbesserung von Kraft, Dehnfähigkeit und Koordination der Rückenmuskulatur als Vorbeugung gegen Rückenschmerzen.

2. Stärkung von psychosozialen Gesundheitsressourcen zur Steigerung des Wohlbefindens.

3. Verminderung von Risikofaktoren, z.B. erhöhter Fettstoffwechsel, Blutzuckerhaushalt und Übergewicht, oder Stärkung des Immunsystems als Vorbeugung gegen Herz-Kreislauf-Erkrankungen, Diabetes, Osteoporose, Krebserkrankungen usw.

4. Bewältigung von Beschwerden und Missbefinden z.B. Schmerzen.

5. Aufbau einer Bindung an gesundheitssportliche Aktivität durch die regelmäßige Teilnahme am Gesundheitssport.

6. Verbesserung der Bewegungsmöglichkeiten im Rahmen der Lebensverhältnisse von Menschen.

2.4.1 Zertifizierung von Gesundheitssportkursen

Bevor ein Sportkurs beispielsweise mit dem Siegel *Pluspunkt Gesundheit* oder *Pro Gesundheit* für die Dauer von zwei Jahren ausgezeichnet werden kann, müssen die auf den vorstehend genannten Kernzielen beruhenden Qualitätskriterien[27] erfüllt sein: anspruchsgruppengerechtes Angebot, qualifizierte Leitung durch Ausbildung, einheitliche Organisationsstrukturen, präventiver Gesundheits-Check, begleitendes Qualitätsmanagement und ein Selbstverständnis des Vereins als Gesundheitspartner.

Dass ein großer Bedarf für Reha-Sportangebote besteht, zeigt die Vielzahl an kommerziellen Reha-Praxen, die den Krankenhaus- oder Klinikbetrieben angeschlossen sind. Ausgewiesene Gesundheitssportvereine wie der Gesundheitssportverein Leipzig e.V.[28] sind im deutschen Vereinswesen offenbar immer

---

[23] Kampagne der Bundesministerien für Gesundheit sowie für Ernährung, Landwirtschaft und Verbraucherschutz.
[24] Kampagne des DTB.
[25] Kampagne des Deutschen Schwimmverbandes.
[26] Vgl. www.pro-gesundheit.de
[27] Ebd.
[28] Vgl. www.gesundheitssport.de.

noch die Ausnahme. Der Gesundheitssportverein Leipzig e.V. bietet beispielsweise ein umfassendes Reha-Sportprogramm mit folgenden Kursen an: Abnehmkurs, Fitnessgymnastik, Herzsport, Kniegruppe, medizinische Trainingstherapie, neurologische Gruppe, orthopädisches Schwimmen, Sport bei peripherer arterieller Verschlusskrankheit[29], Sport nach Brustkrebs, Walking/Nordic Walking, Wassergymnastik und Wirbelsäulengymnastik. Der Sportverein Henstedt-Ulzburg e.V. ist ein weiteres positives Beispiel für ein gelungenes Marketingkonzept, das auf der Grundlage eines Sportentwicklungsplans [30] erarbeitet wurde und das u.a. auf den Ausbau von Sport- und Bewegungsprogrammen für Ältere abzielt:

> *„Die präventiven und rehabilitativen Sportangebote (z.B. Koronarsport) sollen mit gemeinsamen sozialen Aktivitäten (z.B. Wandern, Spiele, Ausflüge, Reisen etc.) verknüpft werden, um soziale Kontakte auch im Alter zu erhalten (...). Verantwortlich für die Umsetzung der Maßnahmen und die Empfehlungen ist ein Netzwerk aus Seniorenbeirat, SV Henstedt-Ulzburg, Bürger aktiv und der Volkshochschule."[31]*

---

[29] auch „Schaufensterkrankhheit" genannt.
[30] Institut für Kooperative Planung und Sportentwicklung (2009), „Sport und Bewegung in Henstedt-Ulzburg, Kurzbericht.
[31] SEP (2009) Henstedt-Ulzburg, Seite 9.

3. Die Kommunikationspolitik im Nonprofit-Marketing

3.1 Der Kommunikationsbegriff

Der Begriff Kommunikation stammt aus dem Lateinischen *communicare* und bedeutet sinngemäß: teilen, mitteilen, teilnehmen lassen, gemeinsam machen, vereinigen. Die zahlreichen und vielfältigen Kommunikationstheorien befassen sich mehrheitlich mit dem zentralen Merkmal der Kommunikation, nämlich dem „In-Verbindung-sein" und basieren zumeist auf dem klassische Sender-Empfänger-Modell nach Shannon und Weaver[32]. Mit dem in den 40er Jahren des vergangenen Jahrhunderts entwickelten Informationstheorie wurde ursprünglich nicht die menschliche Kommunikation, sondern der Datenaustausch bzw. die Signalübertragung zwischen zwei Maschinen beschrieben.
Gegenstand der Informationstheorie ist, vereinfacht beschrieben, eine Maschine A (Sender), die Daten über einen Kanal an die Maschine B (Empfänger) überträgt. Im Idealfall, d.h. nach störungsfreier Übertragung, liegen sowohl beim Sender als auch beim Empfänger die gleichen Datenbestände vor (Datenausgleich). Dieses informationstechnische Modell wurde zu einer Theorie erweitert, die den Kommunikationsprozess zwischen Menschen erfassen konnte[33]. Im Wesentlichen gelang dies durch Hinzufügen weiterer Eigenschaften zum ursprünglichen informationstechnischen Sender-Empfänger-Modell.

Im Rahmen dieses weiterentwickelten Modells wird die menschliche Kommunikation durch ein Medium wie der Sprache möglich. Damit die Verständigung gelingen kann, wurde der Begriff Code geschaffen. Code bedeutet hier ein Vorrat an Zeichen und Verknüpfungsregeln, mit deren Hilfe Inhalte beschrieben werden können. Für eine reibungslose Verständigung ist es demnach erforderlich, dass Sender und Empfänger dieselben Codes verwenden. In der Praxis ist dabei zu beachten, dass diese Codes von der kulturellen Sozialisation abhängen und nicht universell gelten.
Im Unterschied zum Informationsmodell werden bei der menschlichen Kommunikation keine Daten, sondern wird ein Sinn, auch *Botschaft* genannt, übermittelt. Dadurch wird die Kommunikation zwischen Menschen zu einem sinnvollen Handeln.

Dieses auf dem Sender-Empfänger-Prinzip basierende Kommunikationsmodell hat innerhalb der Marketingliteratur nach wie einen prominenten Platz.[34] Deshalb verwundert es nicht, dass sich die Kommunikationspolitik vieler Nonprofit-Organisationen an diesem Modell orientiert, indem auf Massenkommunikation gesetzt wird, ohne dabei zu berücksichtigen, ob die Botschaft den Rezipienten wirklich erreicht und eine Wirkung bei ihm auslöst. Diese Unsicherheit ist eine Grundproblematik der Kommunikation und stellt eine besondere Schwäche des Sender-Empfänger-Modells dar. Trotzdem senden Sportvereine und Verbände nach wie vor ihre unspezifischen Botschaften („Sport ist im Verein am schönsten"[35]) mittels Massenwerbung an ein diffuses Publikum.

---

[32] Vgl. Shannon/Weaver (1949), *The mathematical theory of communication*.
[33] Bode (2010), S. 27 – 33.
[34] Freyer (2011), S. 472 – 474.
[35] Mörat (2005), S. 65.

Aufgrund dieser Problematik ist es angebracht, differenziertere Kommunikationstheorien als Grundlage für ein Kommunikationskonzept heranzuziehen. Hier bietet sich beispielsweise die auf Habermas rekurrierende Theorie des kommunikativen Handelns[36] an, deren weitreichender soziologischer Ansatz die Kommunikationstheorie im Wesentlichen als Theorie der Gesellschaft begreift und in der „kommunikativ handelnde Subjekte sich stets im Horizont einer Lebenswelt verständigen"[37]. „Die Lebenswelt ist gleichsam der transzendentale Ort, an dem sich Sprecher und Hörer begegnen."[38] Die Theorie des kommunikativen Handelns kann im Rahmen der vorliegenden Studie zwar nicht ausführlich behandelt werden, ihre grundsätzlichen Aussagen liefern aber die Grundlage für eine Kommunikation, die Bezug nimmt auf die Grundregeln der Verständigung, die den Aspekt der Sozialisation im Rahmen von Lebenswelten berücksichtigt und die einen Zusammenhang zwischen Sprache und gesellschaftlicher Rolle herstellt. Damit kann die Anwendung der Theorie kommunikativen Handelns in mehrfacher Hinsicht den Kommunikationsbemühungen von Sportvereinen dienlich sein[39]: mit der Identifizierung der Lebenswelten von Anspruchsgruppen, mit einer Sprachwahl, die den Lebenswelten der identifizierten Anspruchsgruppen am ehesten entspricht und durch den Aufbau eines Dialoges für ein Mehr an Verständigung mit den Anspruchsgruppen. Somit sind die Eckpunkte einer wirkungsvollen Kommunikationspolitik gesteckt.

3.2 Die Kommunikationspolitik als ein Instrument des Marketing-Mix

Wie im Vorwort erläutert ist die Kommunikationspolitik nur ein Element in einem umfassenderen Nonprofit-Marketingkonzept. Sie gehört im Zusammenspiel mit der Ressourcen- und Absatzpolitik zu den Instrumenten des operativen Nonprofit-Marketings. Die Kommunikationspolitik ist von zahlreichen Entscheidungen abhängig, die zuvor im Rahmen eines strategischen Marketings getroffen wurden. Jede Kommunikationsmaßnahme ist also keine Einzelmaßnahme, sondern dient stets der Umsetzung eines bereits entwickelten Marketingkonzepts. Das Grundkonzept eines Vereinsmarketings kann nachstehend nur in seinen Grundzügen vorgestellt werden.[40]

Die **Analysephase** liefert mit der umfassenden Beurteilung der Ausgangssituation des Sportvereins die Informationsgrundlage für das Nonprofit-Marketing. Durch den Einsatz von Marktforschungsmethoden wird die sich daraus ergebende Marketingproblemstellung abgeleitet. In einer internen und externen Analyse werden die Chancen oder Risiken für den Verein untersucht. Generell ist eine Prognose über das Marktumfeld des Vereins zu erarbeiten.
Im Rahmen dieser Situationsanalyse müssen auch die aktuellen eigenen Ressourcen und damit die eigenen Stärken und Schwächen untersucht und bewertet werden. Aus der Gegenüberstellung der vereinsexternen Chancen und Risi-

---

[36] Vgl. Habermas (1981) *Theorie des kommunikativen Handelns.*
[37] Ebd., Bd. I, S. 107.
[38] Ebd., Bd. II, S. 192.
[39] Vgl. Bode (2010), S. 105.
[40] Vgl. Bruhn (2005), S. 95 f.

ken und der internen Stärken und Schwächen können zentrale Problemstellungen für das Vereinsmarketing abgelesen werden.
Die Analysephase liefert somit Antworten auf die Fragen: Wo sind wir gut aufgestellt? In welchen Bereichen besteht Handlungsbedarf?

Die in der Analysephase ermittelten Ergebnisse werden sodann im Rahmen der anschließenden **Planungsphase** in ein strategisches Konzept umgewandelt. Diese Phase umfasst eine Reihe von grundsätzlichen Entscheidungen für das Vereinsmarketing. Im Zuge der strategischen Unternehmensplanung gilt es, die übergeordneten Ziele und strategische Ausrichtung des Vereins festzulegen.

Aufgrund der zuvor beschriebenen Besonderheiten von Nonprofit-Organisationen ist die Zielformulierung hier komplexer als bei kommerziellen, auf Gewinn ausgerichteten Unternehmen. Sowohl die strategischen langfristigen Ziele als auch die kurz- und mittelfristigen Unterziele sind nach dem SMART-Prinzip, d.h. spezifisch, messbar, attraktiv, realistisch und terminiert, zu formulieren, um die spätere Zielerreichung feststellen zu können.

Diese Phase steht im Spannungsfeld von Mission, Wirtschaftlichkeit und Fachlichkeit. Die Mission bzw. das ausformulierte Leitbild spiegelt dabei die Identität und das Selbstverständnis des Vereins wider und wirkt nach innen und außen als Wegweiser für das strategische und operative Managementhandeln.[41] Während die Mission in wenigen Sätzen die Hauptziele des Vereins zusammenfasst, beinhaltet das Leitbild weiterführende Grundsätze und Zielsetzungen.[42]

> *„Das Leitbild in einem Verein ist die Voraussetzung für die strategische Arbeit und die Zukunftsfähigkeit. Was steckt dahinter und wie kann der Verein vorgehen? Die Zielfindung und der strategische Prozess setzen ein wichtiges Element voraus, dass in jedem Verein vorhanden sein muss, will er seine vereins- und marketingpolitischen Aufgaben in sinnvoller Weise und in die Zukunft gerichtet ausüben: das Leitbild. Es beinhaltet die schriftlich formulierten Handlungsgrundsätze des Vereins nach innen und außen, die als generelle Orientierung für alle Mitglieder gelten und demzufolge allen bekannt sein sollten."*[43]

Mission und Leitbild bilden damit eine strategisch wichtige Grundlage für die spätere Kommunikationspolitik, die sich mit der Entwicklung einer *Corporate Identity* an dem Leitbild orientiert. Im konkreten Fall sollte der Sportverein seine Ziele mit Blick auf den Gesundheitssport bereits klar in einem Leitbild formuliert haben.

In einem nächsten Schritt erfolgt die Segmentierung von Absatz- und Beschaffungsmarkt. Mit Blick auf den Absatzmarkt, geht es darum, das Einsatzgebiet des Sportvereins abzustecken und zu definieren. Die Marktabgrenzung erfolgt mit Hilfe von Kriterien zur Segmentierung von Teilmärkten und Marktteilneh-

---

[41] Bruhn (2010), S. 42.
[42] Bode (2010), S. 43 ff.
[43] Vgl. Weyand (2006) für VIBSS-Online.

mern und lässt sich hier entweder nach den Leistungsmerkmalen „Präventiv-/Reha-Sport" oder nach den Funktionsmerkmalen des Gesundheitssports segmentieren.
Es wird generell eine möglichst differenzierte Segmentierung der Absatzmärkte anhand von demografischen, sozioökonomischen, psychologischen oder verhaltensrelevanten Kriterien empfohlen. Hiernach entscheidet sich, welches Reha- und/oder Präventiv-Sportprogramm tatsächlich durchführbar ist und rentabel erscheint. Für jede Geschäftseinheit muss dabei eine individuelle Strategie entwickelt werden, sofern dadurch ein eigenständiger Beitrag zur Steigerung des Erfolgspotenzials der Nonprofit-Mission geleistet wird.

Anlog dazu wird eine Abgrenzung auf Seiten des Beschaffungsmarktes durchgeführt. Diese umfasst die Analyse rund um die Finanzressourcen, die Mittelbeschaffung sowie die Beschaffung von qualifizierten ehren- oder hauptamtlichen Mitarbeitern durch Weitbildung oder entsprechende Personaleinstellung.
Darüber hinaus ist auf der Beschaffungsseite die Bereitstellung geeigneter Sportstätten in Form von Badzeiten und/oder Kursräumen sowie entsprechender Geräte und Hilfsmittel sowie der Auf- oder Ausbau von Kooperationen zu berücksichtigen.

In der darauffolgenden **strategischen Marketingplanung**[44] werden sodann die einzelnen Entscheidungen mit Hilfe von drei Strategieoptionen konkretisiert. Zunächst wird auf der Grundlage der bereits festgelegten übergeordneten Vereinsziele eine Geschäftsfeldstrategie entwickelt, die die Beziehung des Vereins zum Markt definiert. Hier bieten sich im Wesentlichen die vier marktfeldstrategische Optionen Marktdurchdringung, Marktentwicklung, Leistungsentwicklung und Diversifikation an.
Ferner muss der Verein eine Strategie zur Nutzung von Wettbewerbsvorteilen (z.B. über Preis, Qualität, Programmbreite oder Zusatzleistungen) entwickeln und sich über den Grad der angestrebten Marktabdeckung im Klaren sein.

Der zweite Schritt in dieser Phase umfasst die Marktteilnehmerstrategien, die in erster Linie auf Verhaltensstrategien des Vereins mit Blick auf die Anspruchsgruppen (z.B. Akquisition, Bindung und Rückgewinnung von Vereinsmitgliedern) und gegenüber den am Markt vorhandenen Mitbewerbern ausgerichtet ist.
Im Rahmen der daran anschließenden Instrumentestrategie kommt erstmals die Kommunikationspolitik auf den Plan, die neben der Absatz- und Ressourcenpolitik zum operativen Marketing-Mix gehört und die der Umsetzung der strategischen Entscheidungen dient.

Der Vollständigkeit halber werden die nächsten Phasen des Nonprofit-Marketings nur kurz genannt: Das neben der Kommunikationspolitik zur **Steuerungsphase** gehörende Qualitätsmanagement darf im Marketingprozess nicht vernachlässigt werden. Ein auf dem Total-Quality-Prinzip basierendes Qualitätsmanagement gewährleistet die Beibehaltung bzw. das Erreichen eines hohen Qualitätsstandards und bildet die Ausgangsbasis für das Vertrauen der An-

---

[44] Bruhn (2005), S 199.

spruchsgruppen in den Verein. Hohe Qualität und Vertrauen sind zwei wesentliche Wettbewerbsvorteile in einem von Vertrauen geprägten Marktsegment wie dem Gesundheitsmarkt.
An die beschriebenen Analyse-, Planungs- und Steuerungsphasen schließt sich die **Implementierungsphase** an. Hier geht es um die praktische Umsetzung der beschlossenen Maßnahmen durch die Vereinsmitarbeiter bzw. –mitglieder.

Generell sollten die im Marketing festgelegten Grundsätze vom Verein und allen voran von der Vereinsführung vorgelebt werden, um nicht als Fremdkörper wahrgenommen zu werden. Um den Erfolg des Nonprofit-Marketings mit Blick auf die Wirtschaftlichkeit und Wirkung feststellen zu können, ist die Anwendung eines Controlling notwendig. Das Controlling wird im Rahmen der Kommunikationspolitik unter Kapitel 4.4.5 näher beschrieben.

3.3 Aufgaben der Kommunikationspolitik

Anhand des beschriebenen Prozesses wird deutlich, dass die Kommunikationspolitik nur eine Gestaltungskomponente in einem umfangreichen analytischen und systematischen Marketingkonzeptes ist. In Anlehnung an Bruhn[45] kann die Kommunikationspolitik wie folgt verstanden werden:

> *„Kommunikationspolitik wird die Gesamtheit der Kommunikationsinstrumente und –maßnahmen einer Organisation bezeichnet, die eingesetzt werden, um die Nonprofit-Organisation und ihre Leistungen den relevanten Anspruchsgruppen darzustellen und/oder mit diesen in Interaktion zu treten."*

Die in den ersten Phasen des Marketingprozesses getroffenen Entscheidungen über das **Leitbild** und die **Mission** als Antwort auf die Frage „Warum gibt es den Verein?", über die Vereinsziele und die Vereinsvision als Antwort auf die Frage „Wo will der Verein langfristig hin?" liefern die Grundlage für die grundsätzliche Ausrichtung des Sportvereins.

Bezogen auf das obige Konzept ergibt sich die jeweilige Kommunikationsstrategie aus den zuvor festgelegten Geschäftsfeld- und Marktteilnehmerstrategien. In dieser Phase sind auch die wesentlichen strategischen Entscheidungen über das Produkt-/Dienstleistungsangebot und die jeweiligen Ressourcen wie Personal, Finanzen und Ausstattung usw. bereits getroffen worden.
Die Kommunikationspolitik dient jetzt der Umsetzung dieser Strategien. Ihre Aufgabe ist es, anspruchsgruppenadäquate Kommunikationsformen zur Informierung und Beeinflussung aller Anspruchsgruppen des Vereins zu finden und zu entwickeln. Dem Sportverein stehen dazu eine Reihe von Kommunikationsinstrumenten zur Verfügung, die im Verlauf dieser Untersuchung näher beschrieben werden.

---

[45] Bruhn (2004a), S. 201.

Die Kommunikationspolitik bezieht sich dabei auf den Kommunikationsprozess zwischen drei Beteiligten: dem Sportverein, seinen externen Anspruchsgruppen und seinen Mitgliedern/Mitarbeitern. Demnach lässt sich unterscheiden zwischen:
1. **interner Kommunikation**, d.h. zwischen dem Sportverein und seinen Mitgliedern/Mitarbeitern,
2. **externer Kommunikation**, d.h. zwischen dem Sportverein und seinen externen Anspruchsgruppen und
3. **interaktiver Kommunikation**, d.h. zwischen den Mitgliedern/Mitarbeitern und den externen Anspruchsgruppen des Vereins.

Unter **Anspruchsgruppen**[46] (auch *Stakeholder* genannt) werden interne und externe Beziehungspartner verstanden, die von den Entscheidungen eines Unternehmens/einer Organisation betroffen sind oder selbst mit ihrem Handeln das Unternehmen beeinflussen können. Anspruchsgruppen haben somit einen Anspruch gegenüber dem Verein mit Blick auf die Finanzen (zahlende Mitglieder, Sponsoren, Förderer, Mäzene), die Beschaffung (ehrenamtliche und angestellte Kursleiter), die Akzeptanz (Medien, Behörden, Verbände, Politiker, Kooperationspartner, Öffentlichkeit) und auf den Absatz (alle Leistungsempfänger). An sie richten sich deshalb alle Maßnahmen der Kommunikationspolitik. Da die Anspruchsgruppen jeweils unterschiedliche Bedürfnisse haben, muss für jede einzelne der identifizierten Anspruchsgruppen eine eigene Kommunikationsstrategie entwickelt werden.

Die zuvor beschriebenen Besonderheiten von Nonprofit-Leistungen, wie die Notwendigkeit zur permanenten Bereitstellung der Leistungsfähigkeit, die Integration des Leistungsempfängers in den Erstellungsprozess sowie die Immaterialität, Nichtlagerfähigkeit und Nichttransportfähigkeit der Nonprofit-Leistung, haben Folgen für die Kommunikationspolitik des Sportvereins. Dies gilt vor allem für die Visualisierung und Materialisierung von nicht direkt darstellbaren Leistungen sowie für die Notwendigkeit zum Aufbau einer Corporate Identity, die mit den Vereinszielen im Einklang steht. Zu den zentralen Aufgabenbereiche der Nonprofit-Kommunikation[47] zählen deshalb das:

1. **Prägen des institutionellen Erscheinungsbildes** des Vereins bei allen relevanten Anspruchsgruppen
2. **Bekanntmachen des Vereinsangebots**, d. h. der Kernleistungen, Zusatzleistungen, Preis- und Gebührenpolitik und Abbau von Informationsasymmetrien auf Seiten der verschiedenen Anspruchsgruppen durch zuverlässige Informationen.
3. Intensivieren der Beziehungen zu den Anspruchsgruppen im Rahmen eines **Relationship Management**, um einen langfristigen Dialog mit den jeweiligen Anspruchsgruppen aufzubauen.

---

[46] Vgl. Rager/Weber (2010), S.11-13.
[47] Bruhn (2006) S. 395.

3.4 Die Notwendigkeit zum Aufbau einer Corporate Identity

Um das institutionelle Erscheinungsbild des Vereins bei den relevanten Anspruchsgruppen zu prägen, ist die Entwicklung einer unverwechselbaren Corporate Identity (CI) erforderlich. Auf diese Weise wird der Verein und sein Leistungsangebot durch die Anspruchsgruppen wiedererkannt und wahrgenommen. Der eigentliche Zweck der CI ist, eine immer komplexer werdende Welt durch komplexitätsreduzierende Maßnahmen übersichtlicher und begreifbarer zu machen. Dies kann nur gelingen, wenn zwischen dem Kommunikationsauftritt und dem Handeln des Vereins eine Kongruenz besteht. Bei dem Aufbau der CI steht deshalb primär die Gestaltung und Vermittlung der Eigenart und Einmaligkeit des Vereins im Vordergrund. Durch sie können die Anspruchsgruppen die Persönlichkeit des Sportvereins unmittelbar erkennen.[48]

Hier geht es um den schlüssigen Zusammenhang des Verhaltens, des Erscheinungsbildes und der Kommunikation des Sportvereins zur Manifestierung der Mission und des Leitbildes und schließlich des Selbstverständnisses des Vereins.
Die Gestaltung einer CI umfasst die drei Komponenten:
Corporate Design (CD),
Corporate Communications (CC) und
Corporate Behavior (CB).

Diese drei CI-Bestandteile sind so aufeinander abzustimmen, dass eine einheitliche Identität des Sportvereins gegenüber den Anspruchsgruppen vermittelt wird.

Eine konsequente CI-Politik wirkt sich vereinsintern positiv aus. Sie fördert die Identifikation mit dem Verein durch die Stärkung des Wir-Gefühls, sie steigert die Motivation und damit auch Leistung der Mitglieder/Mitarbeiter, die so wiederum eine höhere Zuneigung zu ihrem Verein entwickeln. Vereinsextern schärft die CI das Vereinsprofil gegenüber den Anspruchsgruppen (und Mitbewerbern) und verbessert die Glaubwürdigkeit, Akzeptanz und das Vertrauen in den Verein. Darüber hinaus dient eine wirkungsvolle CI der Verbesserung des Vereinsimage, das wiederum die Grundlage für eine breitere Unterstützung der Organisation durch die allgemeine Öffentlichkeit bildet[49].

Das Corporate Design wird laut Bruhn definiert als „symbolische Identitätsvermittlung durch den abgestimmten Einsatz aller visuellen Aspekte der Organisationserscheinung zur Prägung des äußeren Erscheinungsbildes einer Institution."[50] In der Praxis wird das CD wie folgt sichtbar: durch Zeichen wie Vereinsemblem oder –logo, Vereinsfarben, Verwendung einer einheitlichen Typografie, Tragen einer einheitlichen Sportkleidung in den Vereinsfarben oder mit dem deutlich sichtbaren Vereinslogo usw. Es ist darauf zu achten, dass entsprechende CD-Richtlinien erarbeitet werden, die von allen Vereinsmitgliedern/-mitarbeitern für jede Kommunikationsform einzuhalten sind. Die CD-

---
[48] Birkigt/Stadler (2000), S.48.
[49] Bruhn (2006), S.418 ff.
[50] Ebeda.

Entwicklung sollte in die Hände von Kommunikationsfachleuten gelegt werden, um ein möglichst vorteilhaft wirkendes und eindeutiges CD zu erhalten.

Corporate Communications umfasst strategisch geplante Kommunikationsmaßnahmen mit dem Ziel, die Umwelt gegenüber dem Sportverein zu beeinflussen. Dazu kommen alle genannten Kommunikationsinstrumente systematisch zum Einsatz. Anzustreben ist das in Kapitel 3.9 näher beschriebene Konzept der integrierten Kommunikation.

Corporate Behavior bezieht sich auf das Verhalten der Mitglieder/Mitarbeiter eines Sportvereins im Rahmen der Leistungserbringung. Das Verhalten als Teil der vorstehend beschriebenen persönlichen Kommunikation trägt wesentlich dazu bei, wie der Verein von den Leistungsempfängern und Anspruchsgruppen wahrgenommen wird.
Das Corporate Behavior geht dabei weit über die persönliche Kommunikation hinaus und erstreckt sich auf das gesamte, d.h. interne und externe Verhalten der Organisation mit Blick auf das Sozial-, Umfeld- und Informationsverhalten.[51]
Die Grundlage des Corporate Behavior bilden die im Leitbild festgelegten Grundsätzen sowie die in der Vereinskultur tatsächlich gelebten Identitätsmerkmale und Vereinstraditionen.
Mit Blick auf den Servicegedanken im Rahmen eines Gesundheitssportprogramms sind die erwünschten Verhaltensweisen der Vereinsmitglieder/-mitarbeiter in einem Regelwerk festzuhalten. Generell bleibt festzustellen, dass das Corporate Behaviour nur dann gegenüber den Anspruchsgruppen überzeugend wirkt, wenn es von allen Vereinsrepräsentanten, d.h. vom Vereinsvorstand und von den Vereinsmitgliedern/-mitarbeitern, konsequent dargestellt wird.

3.5 Corporate Image und Reputation

Die Corporate Identity als **Selbstbild** bildet die Grundlage für das **Fremdbild**, das sog. Corporate Image, das den Blick von außen auf den Verein beschreibt. Das Image bildet wiederum die Grundlage für die Reputation und damit für den guten Ruf einer Organisation.[52] Das Image umfasst im Gegensatz zur Reputation ein relativ spontanes Bild.

> *„Die Basis zur Ausbildung eines Image und einer Reputation sind die Informationen und Eindrücke, die die Rezipienten (Anspruchsgruppen und Leistungsempfänger) durch direkte Kontakte, Äußerungen von Bekannten und Freunden, die Berichterstattung in den Medien und die Selbstdarstellung der Organisation phasenweise, punktuell und ausschnittsartig gewinnen. Diese Informationen und Eindrücke werden subjektiv interpretiert, generalisiert und gelegentlich überzogen. Bilden sich aus diesen individuellen Meinungen kollektive Mei-*

---

[51] Freyer (2011), S. 481.
[52] Rager/Weber (2010), S.6-7.

nungen mit tendenziell gemeinsamen Vorstellungen oder zumindest wahrnehmbaren Schnittstellen, so entsteht ein Image."[53]

Bei der Reputation kommen neben dem Image die in der Vergangenheit aufgebauten und für die Zukunft relevanten Unterstützungspotenziale hinzu wie Glaubwürdigkeit, Vertrauenswürdigkeit und Verantwortungsbewusstsein.[54] Die Reputation kann nur mittelfristig durch eine widerspruchsfreie Kommunikation aufgebaut werden.

Die Vorteile eines positiven Image bzw. einer positiven Reputation[55] sind vielfältig. Sie ermöglichen den Aufbau einer Vertrauensbeziehung zur Öffentlichkeit, zu den Anspruchsgruppen und hier allen voran zu den Leistungsempfängern. Ein attraktives Vereinsimage erlaubt eine bessere Abgrenzung zu Mitbewerbern, eine günstige Position zur Durchsetzung von höheren Preisen, höhere Bonität und Kreditwürdigkeit sowie eine höhere Attraktivität für Mitglieder, ehrenamtliche Trainer/ qualifizierte Mitarbeiter, Kooperationspartner und Sponsoren. Ein gutes Image sichert die gesellschaftliche Akzeptanz, macht Identifikationsangebote und führt zu einer Komplexitätsreduktion. Ein positives Image reduziert die Transaktionskosten für aufwändige Leistungsanalysen und -vergleiche und beschleunigt so die Entscheidung von Leistungsempfängern zugunsten des Vereins.

Es ist deshalb eine wesentlich Aufgabe der Kommunikationspolitik, kurzfristig ein klares, widerspruchsfreies Vereinsimage und mittelfristig eine gute Reputation aufzubauen, um so die Anziehungskraft des Vereins gegenüber allen Anspruchsgruppen zu erhöhen und darüber hinaus den Einfluss und die Position des Sportvereins in sportpolitischen Diskussionen oder im Rahmen von Verhandlungen mit Krankenkassen/-versicherungen zu stärken. Im Idealfall sind Corporate Identity und Corporate Image kongruent.

3.6 Der Verein als Marke

Der Begriff Marke stammt ursprünglich von *Mark* für mit Zeichen markierte Grenzzeichen. Im deutschen Markengesetz wurde der Begriff im Jahr 1995 eingeführt und ersetzt seit dem das bis dahin gebräuchliche Wort "Warenzeichen".[56]

Der im Marketing verwendete Begriff Marke (engl. brand) steht für alle Eigenschaften, in denen sich Objekte, die mit einem Markennamen in Verbindung stehen, von konkurrierenden Objekten anderer Markennamen unterscheiden. Die Objekte sind klassischerweise Waren und Dienstleistungen, zunehmend aber auch Unternehmen. Grundlage für die Markenbildung sind die sog. selbst durchsetzenden Kontrakte, die den Anreiz schaffen, durch die Produktion einer

---

[53] Szyszka (2004a), S. 9
[54] Fombrun (1996), S. 72.
[55] Rager/Weber (2010), S.6-7
[56] Frotscher (2006), S. 101.

langjährigen gleichbleibenden Qualität, eine gute Reputation und damit einen Markennamen zu erwerben.

Zwar kann der Kunde die Qualität des Produkts bzw. der Dienstleistung vor dem Kauf meist nicht erkennen, aber das Risiko, bei einer einzigen Täuschung den Kunden für immer zu verlieren, ist oft ein ausreichender Anreiz für den Verkäufer, gute Qualität zu liefern. Markenartikel sind deshalb Erzeugnisse, die durch einen bekannten Namen (die Marke) gekennzeichnet sind und ein hohes oder mindestens gleich bleibendes Qualitätsniveau aufweisen[57]. Zentrale Funktion der Marke für den Kunden ist die Verringerung seiner Informations- und Entscheidungskosten im Kaufprozess und damit die Verringerung seines Kaufrisikos. Zentrale Funktion der Markenbildung für den Hersteller ist die Kundenbindung, d.h. die Bindung der Kunden an die Marke durch die Markentreue. Die Marke ist eine wichtige Institution im Tauschprozess und erfordert die Fähigkeit des Herstellers, ein Produkt mit dem glaubhaften Versprechen einer gleich bleibend guten Qualität anzubieten.

Hirnforscher haben nachgewiesen, dass Lieblingsmarken Emotionen bis zur Kaufentscheidung ohne große rationale Überlegung wecken. Der biologische Stoffwechsel des Menschen ist auf einen sparsamen Verbrauch von Entscheidungsenergie ausgerichtet und vertraut daher gerne auf bekannte Marken.[58] Darüber hinaus gehen Markenprodukte oftmals mit einer höheren Preisbildung einher, da der Konsument bereit ist, für die Inanspruchnahme der genannten Vorteile zu bezahlen.
Für den Sportverein bedeutet dies, dass er zusammen mit externen Fachleuten überlegen sollte, inwiefern er selbst oder sein Gesundheitsprogramm für die Markenbildung in Betracht kommt.

3.7 Kommunikationsfelder

Zur Erfüllung der genannten Aufgaben und Ziele stehen verschiedene Möglichkeiten der Kommunikation zur Verfügung. Bruhn unterscheidet hier zwischen der institutionellen Kommunikation, Marketingkommunikation sowie Dialogkommunikation[59]. Im Folgenden wird auf die Kommunikationsfelder und deren Anwendung auf die Bedürfnisse des Sportvereins näher eingegangen. Hier steht eine Vielzahl von Instrumenten zur Verfügung, die der organisierte Sport für seine Zwecke wirkungsvoll einsetzen sollte.

---

[57] z.B.: „Persil, da weiß man, was man hat."
[58] Frotscher (2006), S. 101.
[59] Bruhn 2005, S. 400 ff.

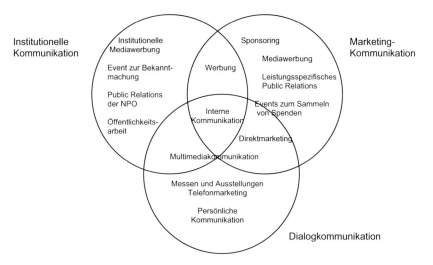

Abb.1: Beispielhafte Instrumente und Schnittstellen der Institutionellen Kommunikation, Marketing- und Dialogkommunikation für Nonprofit-Organisationen nach Bruhn.

3.7.1 Institutionelle Kommunikation

Die Aufgaben der institutionellen Kommunikation beziehen sich auf die Prägung des Erscheinungsbildes des Sportvereins im Sinne einer Imageprofilierung und auf die Wahrnehmung durch das gesellschaftliche Umfeld. Die Grundlagen einer erfolgreichen institutionellen Kommunikation bilden die identifizierten Interessen der jeweiligen Anspruchsgruppen, die eigene Marktposition, die Stärken und Schwächen sowie die Kenntnis über das (die) Alleinstellungsmerkmal(e) des Sportvereins. Diese Erkenntnisse wurden in den genannten strategischen Marketingphasen bereits gewonnen.

Außerdem sollte der Sportverein wissen, wie er und sein Leistungsangebot von den relevanten Anspruchsgruppen wahrgenommen werden. Darauf aufbauend sollte der Verein eine eindeutige Positionierung bezüglich seiner Kernkompetenzen anstreben, wobei keine Einzelleistungen, sondern der Verein als Ganzes mit seinen Qualitätsmerkmalen dargestellt wird. Dazu kann beispielsweise auf die hohen Qualitätsstandards oder ethischen Grundsätze des Vereins verwiesen werden. Zu den Kommunikationsinstrumenten zählen die Öffentlichkeitsarbeit, Public Relations (PR), institutionelle Mediawerbung, Werbung, Events zur Bekanntmachung sowie die interne Kommunikation.

3.7.2 Marketingkommunikation

Die Aufgaben der Marketingkommunikation beziehen sich auf die Unterstützung der Bekanntmachung des Vereins durch die Bekanntgabe von Kern- und Zusatzleistung, der Preise sowie durch den Abbau von Informationsasymmetrien auf Seiten der jeweiligen Anspruchsgruppen. Dies erfolgt beispielsweise dadurch, indem Aufmerksamkeit für neue Leistungen geweckt, glaubwürdig über spezifische Leistungen des Sportvereins informiert und ein konkreter Nutzungsbeitrag für die Anspruchsgruppen vermittelt wird.

Zweck jeder Marketingkommunikation ist es, die Bedürfnisse der Anspruchsgruppen zu erfüllen und den Verein gegenüber Mitbewerbern abzugrenzen. Durch den Aufbau eines positiven Image und die Vermittlung der Leistungsvorteile ist der Sportverein in der Lage, seine Ziele wie die Gewinnung und Bindung neuer Mitglieder zu erreichen. Hierzu stehen folgende Kommunikationsinstrumente zur Verfügung: Werbung, Mediawerbung, Sponsoring, leistungsspezifisches Public Relation, das Direktmarketing, Events zum Spenden sammeln und die interne Kommunikation.

3.7.3 Dialogkommunikation

Die Aufgaben der Dialogkommunikation beziehen sich auf den Aufbau und die Intensivierung des Kontakts zu den relevanten Anspruchsgruppen mittels differenzierter Ansprache. Die Dialogkommunikation dient vor allem dem Aufbau von Vertrauen und der Stabilisierung von zumeist Einzelbeziehungen zu den Anspruchsgruppen. Gemeint sind hier vor allem Anspruchsgruppen, die dem Verein nahe stehen wie die Mitglieder und Mitarbeiter. Es gilt, ihre Kommunikationsbedürfnisse flexibel und auf einfühlsame Weise zu befriedigen. Die Dialogkommunikation umfasst im Wesentlichen die folgenden Instrumente: interne Kommunikation, Multimediakommunikation einschließlich Online-Kommunikation, Messen und Ausstellungen sowie das Direktmarketing und die persönliche Kommunikation.

Mit Blick auf die persönliche Kommunikation, die auch die Face-to-Face-Kommunikation umfasst, existiert hier eine Vielzahl unterschiedlicher Formen. Generell kann zwischen verbaler (Sprache) und nonverbaler (Gestik) Kommunikation unterschieden werden. Die persönliche Kommunikation zwischen Leistungserbringer und Leistungsempfänger während der Leistungserstellung ist von besonderer Bedeutung, da sie einen direkten Einfluss auf die Qualitätswahrnehmung durch den Leistungsempfänger hat.[60]

Bruhn kategorisiert hier die horizontale Kommunikation zwischen den Mitgliedern/Mitarbeitern des Vereins (z.B. gemeinsame Planungen), vertikale Kommunikation zwischen den Vereinsmitgliedern/-mitarbeitern und den externen Leistungsempfängern (z.B. Beratungsgespräche), aber auch zwischen den Vereinsmitgliedern und ihren Vorständen, und laterale Kommunikationsbeziehun-

---

[60] Bruhn (2005), S. 414.

gen zwischen den Vereinsmitgliedern/-mitarbeitern und den Vertretern von externen Anspruchsgruppen (Behörden und Medien).

Mit Blick auf die Kommunikationsebenen wird unterschieden zwischen der sachbezogenen Ebene (Austausch von Informationen), der Organisationsebene (formale und informale Gestaltungsmaßnahmen der Kommunikation), der Machtebene (unter Berücksichtigung von Abhängigkeiten) sowie der menschlich-emotionalen Ebene (Wertetransaktionen wie Anerkennung, Dankbarkeit, Vertrauenswürdigkeit). Die persönliche Kommunikation gilt als kostengünstiges und wirkungsvolles Kommunikationsinstrument, das leicht anwendbar ist.

Ein weiterer Bestandteil der persönlichen Kommunikation ist das Beschwerdemanagement, das nicht nur einen systematischen Umgang mit Beschwerden umfasst, sondern auch eine angemessene persönliche und direkte Kommunikation mit dem Leistungsempfänger erfordert.

3.8. Kommunikationsinstrumente

Unter Bezugnahme auf die vorstehend genannten Kommunikationsfelder werden die wesentlichen Kommunikationsinstrumente für die vereinsspezifische Kommunikationspolitik vorgestellt.

3.8.1 Interne Kommunikation

An erster Stelle ist hier die interne Kommunikation zu nennen. Als einzige Kommunikationsart bildet sie die Schnittmenge der Dialog-, Marketing- und institutionellen Kommunikation. Damit ist sie für die Kommunikationspolitik von zentraler Bedeutung.
Die Kommunikation mit den internen Anspruchsgruppen bilden eine wesentliche Grundlage für eine positive Vereinsatmosphäre, denn auch die eigenen Mitglieder, Ehrenamtlichen und Mitarbeiter wollen informiert und ins Vertrauen gezogen werden. Ein reibungsloser Informationsfluss gewährleistet Transparenz und bestimmt die Qualität der Zusammenarbeit. Die interne Kommunikation muss dabei den Arbeits- und Lebensbereichen der Mitglieder/Mitarbeiter entsprechen.[61] Sie ermöglicht dem Verein, seine Ziele besser umzusetzen, seine Mitarbeiter zu mobilisieren und zur Mitarbeit zu motivieren, Kommunikationsprozesse zu optimieren und Informationen schneller zu verarbeiten, damit Entscheidungen zügig getroffen werden können. Sie fördert die Akzeptanz von Entscheidungen, Aktivitäten und Personen und erlaubt, dass ungelöste Probleme, Meinungen und Stimmungen an die Führungsebene herangetragen werden. Gut informierte und motivierte Mitglieder/Mitarbeiter fördern nicht zuletzt die Außendarstellung des Vereins. Gelingt es dem Verein, die eigenen Mitglieder/Mitarbeiter durch gezielte Kommunikationsmaßnahmen zu motivieren und zu emotionalisieren, so kann dies ein wesentlicher Wettbewerbsvorteil sein.

---

[61] Rager/Weber (2010), S. xx.

Die Folgen und die Folgekosten einer mangelhaften internen Kommunikation sind indes nicht unterzuschätzen.[62] Die interne Kommunikation kann auf verschiedenen Wegen erfolgen, und zwar mittels mündlicher/persönlicher Kommunikation (informelle Kontakte, Gespräche, Besprechungen, Mitgliederversammlung, Workshop, Sportereignisse), schriftlicher/gedruckter Kommunikation (Schaukasten, schwarzes Brett, Rundschreiben, Broschüre / Flyer, Vereinszeitung, Schaukasten) oder mit Hilfe von elektronischen Medien (E-Mail, Internet, SMS, Online-Newsletter, Hotline, Video, DVD).

3.8.1.1 Instrumente der internen Kommunikation zur Informierung der Mitglieder-/ Mitarbeiter

Die Informierung der Mitglieder/Mitarbeiter kann auf verschiedene Weise erfolgen; nachstehend sind einige Beispiele aufgeführt[63]:

Arbeitsgruppen (Arbeitskreise, Sitzungen und Teambesprechungen). Sie dienen neben der Unterstützung des Meinungsbildungsprozesses auch der Verbesserung der Informations- und Kommunikationsflusses innerhalb der Vereinsstruktur. Sie fördern das Verantwortungsbewusstsein und die aktive Beteiligung der Mitglieder/Mitarbeiter an Entscheidungsprozessen.

Besprechungen (Gespräche, Meetings). Diese sind als regelmäßige Treffen zwischen Mitarbeitern und dem Vorstand wichtig, um aktuelle Entwicklungen, Aktionen oder Probleme face-to-face zu besprechen. Sie dienen dem kontinuierlichen Informationsfluss und ermöglichen den Mitarbeitern, Anregungen und Vorschläge direkt an die Vereinsleitung weiterzugeben. Besprechungen stärken den Zusammenhalt innerhalb des Vereins bzw. unter den Mitarbeitern und erlauben die direkte Umsetzung von Entscheidungen.

Fachseminare. Diese sind im Rahmen der internen und externen Weiterbildung der Mitarbeiter eine vorrangige Vereinsaufgabe, um die sich stets wandelnden fachlichen, methodischen und gesetzlichen Anforderungen im Umfeld des Gesundheitssports zu erfüllen. Die vereinsinterne Weiterbildung ist für die Einführung neuer Systeme, Geräte und Abläufe, zur Förderung der Zusammenarbeit und für die Einarbeitung neuer Mitglieder und/oder Mitarbeiter sowie zur Professionalisierung des Vereins insgesamt sinnvoll. Die kontinuierliche externe Weiterbildung ist zur Aneignung oder zur Vertiefung von medizinischen Fachkenntnissen oftmals sogar notwendig und vorgeschrieben.

Ideentafel. Sie dient der Visualisierung kreativer Einfälle und ist damit im Grunde ein Bestandteil des internen Vorschlagswesens. Durch die öffentliche Darstellung wird die vereinsinterne Diskussion angeregt und werden die Vereinsmitglieder/-mitarbeiter zur Beteiligung an Veränderungsprozessen aufgefordert. Dies fördert die Mitgliedermotivation und verbessert die Mitarbeiterzufriedenheit. Im Rahmen der Qualitätssicherung dient die Ideentafel dem kontinuierlichen Verbesserungsprozess. Das interne Vorschlagswesen und das Be-

---

[62] Rager/Weber (2010), S. 55.
[63] Weyand (2006) für VIBSS-Online.

schwerdemanagement, z.B. in Form des informellen Meckerkastens, sind wichtige Kommunikationsinstrumente für Rückmeldungen und damit auch ein Bestandteil der Qualitätssicherung. Sie bieten die Möglichkeit, Beschwerden oder Hinweise auf Schwachpunkte auch anonym entgegen zu nehmen. Es sollten verschiedene Instrumente für die Einreichung von Vorschlägen bzw. von Beschwerden entwickelt und bereitgestellt werden.

Mailings und Rundschreiben (Online-Mailings und Rundschreiben per E-Mail) an alle Mitglieder und Mitarbeiter empfehlen sich dann, wenn es um die schnelle Vermittlung wichtiger Inhalte geht und wenn sichergestellt werden soll, dass ein bestimmter Personenkreis informiert wird. Die E-Mail-Kommunikation ist ein dialogisches Pull-Medium[64], das ein Feedback der Mitglieder/Kunden erlaubt.

Vereinsorganigramm. Das Vereinsorganigramm visualisiert die interne Vereinsstruktur einschließlich der Leitung und der Gliederung in Ressorts oder Geschäftsbereiche sowie die Stellung und Einordnung einzelner ehren- und hauptamtlicher Mitarbeiter samt ihrer Kompetenz- und Weisungsbefugnisse.

Vereinshandbuch. Darin sind die wesentlichen Basisinformationen des Sportvereins dokumentiert. Hier sollten alle Mitglieder und Mitarbeiter z.B. folgende Informationen finden: Lagepläne, Anschriften und Telefonnummern der Sportanlagen, Nutzungszeiten, Kontaktdaten bestimmter Ansprechpersonen (Vorstand, Ressortleiter, Hausmeister, Hallenwarte usw.), Zuständigkeiten, Vereinssatzung, Vereinsgrundsätze, Leitbild, Verhaltensmaßnahmen in Notfällen, Beitragsordnung, Kursgebühren, Aufnahmeanträge sowie Vereinsstatements z.B. gegen sexuelle Belästigung. Das Vereinshandbuch muss stets aktuell und den Mitgliedern/Mitarbeitern als gedrucktes Dokument und elektronische Datei zugänglich sein.

Vereinsschaukasten bzw. die Schautafel oder das schwarze Brett gehören zu den klassischen und einfachen Mitteilungsinstrumenten, um die Vereinsmitglieder und -mitarbeiter zu erreichen und die wesentlichen Hauptinformationen über das Vereinsleben zu informieren, z.B.: Personalien, Ankündigungen, Informationen über Zeiten und Kursangebote, Veranstaltungshinweise, Ergebnislisten und ein Terminplan mit den festen Terminen im Kalenderjahr. Es ist darauf zu achten, dass dieses Informationsmedium an einem öffentlich zugänglichen und stark frequentierten Ort aufgestellt wird, ggf. müssen mehrere Schaukästen und -tafeln an verschiedenen Orten aufgestellt bzw. installiert werden. Darüber hinaus ist zu beachten, dass die relevanten Informationen an den Standorten ausgehängt werden, wo sich die jeweilige Personengruppe aufhält. Die Nachteile des Schaukastens sind: eingeschränkte Reichweite, da nicht alle Vereinsmitglieder und -mitarbeiter erreicht werden. Es wird in erster Linie informiert und nicht kommuniziert, da zumeist kein Feedback-Kanal zum Dialogaufbau angeboten wird.

Vereinsversammlung. Die in der Satzung vorgeschriebene meist jährlich stattfindende Vereins- oder Mitgliederversammlungen bietet einen großen Diskussi-

---

[64] Pull-Medium: Der Zugriff auf das Medium wird vom Rezipienten aus gesteuert.

onsrahmen für alle Vereinsmitglieder, um am Vereinsgeschehen und an der internen Kommunikation teilzuhaben. Versammlungen haben generell einen integrativen Charakter.

Vereins-Website. Das Internet hat sich als Kommunikationsmedium weitgehend durchgesetzt und wird in Kapitel 4.3.2.1 ausführlicher beschrieben. Aufgrund der heutigen weitreichenden Nutzung des Internets sollte geprüft werden, inwieweit die obengenannten Inhalte und Feedback-Instrumente auch auf der Vereins-Website angeboten werden.

Vereinszeitung. Die Vereinszeitung gehört zu den etablierten Medien und erreicht alle Mitglieder und Mitarbeiter. Als Push-Medium[65] ist die Vereinszeitung das Leitmedium für strategische Kommunikation und Imagebildung. Die Vereinszeitung bietet ein Forum für eine ausführlichere Berichterstattung aus dem Vereinsleben und über komplexe Sachverhalte wie Vorschriften und Regelwerke. Sie bietet ein hohes Identifikationspotenzial, erlaubt ein breites Spektrum journalistischer Darstellungsformen und steht als traditionelles Medium für Beständigkeit in Zeiten des Wandels. Dem gegenüber stehen die Nachteile wie der oftmals hohe Aufwand für die Produktion und Verteilung, lange Reaktionszeiten und die Tatsache, dass die Vereinszeitung nicht interaktiv und wenig dialogorientiert ist.[66]

3.8.1.2 Instrumente der internen Kommunikation zur Mitglieder-/ Mitarbeiterbindung

Vereinsausflüge und -fahrten bieten den Mitgliedern und Mitarbeitern eine gute Gelegenheit zum informellen Austausch außerhalb der Vereins-/Arbeitsräume. Die Geselligkeit und das gemeinsame Erlebnis erhöhen die Mitarbeiterzufriedenheit, erzeugen ein Gemeinschaftsgefühl und verbessern das Arbeits-/Vereinsklima.

Auszeichnungen, Belobigungen und Ehrungen erhalten Mitarbeiter, die für besondere Verdienste oder langjährige Vereinszugehörigkeit geehrt werden. Diese Auszeichnungen stärken die Mitarbeitermotivation und -zufriedenheit. Die Übergabe von Urkunden, Präsenten usw. sollte in einem besonderen Rahmen erfolgen. Ehrungen und Jubiläen finden anlässlich langjähriger Vereinszugehörigkeit, als Dankeschön für die Ausübung eines Ehrenamtes im Verein, für besondere Ausnahmeleistungen usw. statt. Ehrungen dienen neben der Anerkennung auch als Motivation, sich zu engagieren und fördern die emotionale Bindung an den Verein. Eine persönlich formulierte und vom Vorstand unterzeichnete Glückwunschkarte zum Geburtstag trägt außerdem zur Wertschätzung des Mitglieds/Mitarbeiters bei. Für runde Geburtstage sollte die Einführung einer Feiertradition überlegt werden, um so das Gemeinschaftsgefühl zu stärken.

---

[65] Push-Medium: Der Zugriff auf das Medium wird vom Sender aus gesteuert.
[66] Rager/Weber (2010), S. 71-72.

Mitgliedskarten im Scheckkartenformat und im Corporate Design des Vereins vermitteln Exklusivität und fördert den Gedanken der Vereinszugehörigkeit. Idealerweise sollte die Vereinskarte mit Vorteilen gekoppelt sein, z.B. mit Vorzugspreisen auf die Produkte der Vereinssponsoren und Kooperationspartner.

Stammtischrunden dienen der Geselligkeit. Sie sollten möglichst an einem festgelegten Tag, zu einer festen Uhrzeit und an einem bestimmten Ort, z.B. der Vereinsgastronomie stattfinden. Sie erlaubt einen zwanglosen und informellen Informationsaustausch zwischen den spontan teilnehmenden Mitgliedern/Mitarbeitern. Stammtischrunden können auch die Ausbildung einer Vereinskultur durch Gesänge, Rituale usw. fördern. Vereinsfeste sollte der Verein bewusst auch zur internen Kommunikation nutzen. Während eines Sommerfestes oder einer Vereinswanderung kommen sich die Mitglieder unterschiedlicher Abteilungen näher und können so das Vereinsklima und die Vereinskultur positiv beeinflussen. Besondere Aktionen und eine gesellige Atmosphäre können das Image des Vereins fördern, da sich gelungene Vereinsveranstaltungen schnell herumsprechen. Zwar gehört die gastronomische Zusatzleistung eines Sportvereins nicht zu den Instrumenten der internen Kommunikation, sie kann aber in der internen Vereinskommunikation eine herausragende Rolle übernehmen. Eine gut geführte und einladende Vereinsgastronomie ist für Mitglieder, Mitarbeiter und Besucher gleichermaßen ein einladendes Forum zur zwanglosen Kommunikation. Neue oder potenzielle Mitglieder und Kunden haben so einen leichten Zugang zum Verein. Die Vereinsgastronomie sollte mindestens über einen Vereinsschaukasten verfügen.

3.8.2 Externe Kommunikation

Für die Kommunikation mit den externen Anspruchsgruppen bieten sich die Öffentlichkeits- und Pressearbeit, die Werbung sowie das Eventmarketing an.

3.8.2.1 Öffentlichkeitsarbeit

Dieses Instrument gehört zu den klassischen Aufgaben der institutionellen Kommunikation und umfasst: „(...) die Planung, Organisation, Durchführung sowie Kontrolle aller Aktivitäten einer Nonprofit-Organisation, um bei ausgewählten Anspruchsgruppen (extern und intern) um **Verständnis** sowie **Vertrauen** für die Organisation zu werben und damit Ziele der Institutionellen Kommunikation zu erreichen."[67]

Da die Umsetzung der Vereinsziele im Wesentlichen von der Unterstützung der genannten Anspruchsgruppen abhängt, muss der Verein um Verständnis und Vertrauen bei diesen Gruppen werben. Jede Anspruchsgruppe verfolgt dabei eigene Ziele und Interessen gegenüber dem Verein und folglich muss auch die Kommunikation mit den jeweiligen Anspruchsgruppen entsprechend differieren.

---

[67] Bruhn (2002), S.348.

Ein wichtiger Aspekt der Öffentlichkeitsarbeit ist dabei das **Beziehungsmanagement**, d.h. der Aufbau und die Pflege einer möglichst persönlichen Beziehungen zu den jeweiligen Anspruchsgruppen des Vereins. Damit wird deutlich, dass die Öffentlichkeitsarbeit nachhaltiger und langfristiger geplant werden muss. Anders als die Werbung konzentriert sie sich nicht auf den einzelnen Sportkurs, sondern ihr Ziel ist die Schaffung eines guten Image und bestenfalls einer guten Reputation. Auf diese Weise übernimmt die Öffentlichkeitsarbeit eine Informationsfunktion durch die regelmäßige Verbreitung von Informationen über den Verein und sein Leistungsangebot. Durch den Aufbau von Verbindungen zu allen genannten Anspruchsgruppen, z.B. mittels persönlicher und direkter Kommunikation, übernimmt sie zudem eine Kommunikationsfunktion.

Auf diese Weise sorgt die Öffentlichkeitsarbeit für eine Verbesserung des Vereinsimage im Sinne des Leitbildes, für eine Harmonisierung von Selbstbild und Fremdbild, für eine Stabilisierung des Vereins und Erhöhung der Standfestigkeit in kritischen Situationen sowie für eine Kontinuität nach innen und außen zur Schaffung einer einheitlichen Vereinskultur. Die zentrale Ressource der Öffentlichkeitsarbeit ist das gegenseitige Vertrauen, das letztlich jeder persönlichen Beziehung zugrunde liegt.

Zu den Instrumenten der Öffentlichkeitsarbeit zählt vor allem der **Medienmarkt**. Im Rahmen seiner Öffentlichkeitsarbeit hat der Sportverein deshalb zu prüfen, welche lokalen, regionalen und überregionalen Medien mit Blick auf seine Kommunikationsziele nützlich sind.

Auf lokaler Ebene stehen Lokalzeitungen und -zeitschriften, Lokalradio und -fernsehen sowie die zahlreichen lokalen Anzeigenblätter zur Verfügung, die kostenlos an die Haushalte verteilt werden. Darüber hinaus kann der Verein eine Vielzahl anderer Publikationen gezielt für sich nutzen, z.B. die Patientenzeitschriften der lokalen Krankenhäuser und Seniorenheime, der karitativen/diakonischen Pflegeeinrichtungen sowie Publikationen über städtische Freizeit- und Gesundheitsangebote, Programme und Publikationen der Volkshochschulen, diverser Selbsthilfegruppen, der örtlichen Kirchengemeinden und Religionsgemeinschaften sowie von Bürger- und Nachbarschaftsvereinen und nicht zu vergessen die Publikationen der örtlichen Kulturszene (Theater, Oper, Museen usw.).

Auf regionaler Ebene kommen für die Öffentlichkeitsarbeit Online-Medien mit Lokalbezug ebenso in Frage wie regionale Tageszeitungen und die Regionalbüros überregionaler Medien wie Rundfunk und Fernsehen.
Auf überregionaler Ebene können die bekannten überregionalen Tageszeitungen (z.B. Frankfurter Allgemeine Zeitung, Frankfurter Rundschau, Süddeutsche Zeitung) vor allem für redaktionelle Fachbeiträge genutzt werden.

Die Öffentlichkeitsarbeit kann außerdem auf Instrumente wie der Imageanzeige zurückgreifen, die nicht der Verkaufsabsicht dient, sondern der Vertrauensbildung und damit letztlich der Imageschaffung. Bei Imageanzeigen steht die Visualisierung unter Beachtung des CD im Vordergrund. Im Gegensatz dazu werden redaktionelle Anzeigen inhaltlich und layouttechnisch an die Redaktionsseiten des jeweiligen Mediums angepasst. Dabei wird stets kenntlich gemacht, dass es sich um eine redaktionelle Anzeige handelt und nicht um einen Beitrag der Redaktion.

Auch eine Stellenanzeige ist ein interessantes, aber häufig unbekanntes und ungenutztes Instrument der externen Öffentlichkeitsarbeit. Sie eignet sich gut zur Selbstdarstellung des Vereins, da der ausschreibende Verein sich kompakt, informativ und vor allem positiv darstellen kann.

Eine besondere Rolle in der Radiowerbung bietet die Programmsparte der Bürgerradios der lokalen und regionalen Rundfunksender. Hier haben Vereine eine realistische Chance, mit ihren Beiträgen innerhalb einer festgelegten Sendezeit und für ein relativ kleines Budget Öffentlichkeitsarbeit zu betreiben.

Elektronische Medien wie CDs, Filme, DVDs usw. bieten sich ebenso gut für die Öffentlichkeitsarbeit an. Der Verein kann sie schnell abrufen oder als Präsent nutzen. Geeignete Themen für die elektronische Aufbereitung sind die Vereinshistorie oder die Leistungen bestimmter Abteilungen/Sportler. Der Aufwand und die Kosten für die Produktion elektronischer Medien sind aber vergleichsweise hoch.

Artikel in Fachzeitschriften bieten dem Verein die Möglichkeit, sich zu einem bestimmten Thema ausführlich zu äußern sowie eigenes Fachwissen und Lösungsvorschläge einzubringen. Für den Gesundheitssport im Speziellen sind Veröffentlichungen wie redaktionelle Beiträge z.B. in medizinischen Fachzeitschriften oder in Patientenzeitschriften von Apotheken und in Krankenhäusern besonders relevant, da sie sich an potenzielle Leistungsempfänger wenden und ein Beleg für die gesundheitssportliche Kompetenz des Sportvereins und seiner Mitarbeiter sind. Dafür eignen sich vor allem die Fach- und Verbandszeitschriften (z.B. Apothekerrundschau, Orthopädiezeitschriften usw.), aber auch Rundfunk und Fernsehen (Spartenprogramm, Fachsendungen) und Internetseiten bzw. Online-Medien mit fachspezifischem Bezug. Gerade die Verbandszeitschriften der Fach- oder Dachverbände enthalten oftmals Rubriken mit Berichten aus der Praxis, die dem Sportverein die Möglichkeit bieten, sich mit dem Schwerpunkt Gesundheitssport zu profilieren.

Der Einsatz von Farbfotos und Grafiken in den Medien erfreut sich zunehmender Beliebtheit. Bedingt durch den immateriellen und intangiblen Charakter der Gesundheitssportleistung ist die Verwendung von Bildern zur Visualisierung sogar unabdingbar. Kurze Erläuterungen zu den Bildern reichen hier oftmals aus. Die Qualität des Bildmaterials muss je nach Verwendungszweck (für Printmedien, Pressemitteilung usw.) den jeweiligen Anforderungen entsprechen. Die Urheberrechte von Fotos müssen vor der Verwendung geklärt sein.

Das Internet als PR-Instrument erfüllt für den Verein zwei wichtige Funktionen. Es ist **Präsentations- und Kommunikationsplattform** zugleich. Darüber hinaus dient es den Journalisten als Rechercheinstrument für aktuelle Informationen, Hintergrunddaten sowie für Archiv- und Bildmaterial. Daher ist es für die effektive Vereinskommunikation unabdingbar, eine eigene Website einzurichten und kontinuierlich zu aktualisieren. Die Anforderungen an eine wirkungsvolle Vereinswebsite sind in Kapitel 4.3.2.1 detailliert beschrieben.

Schließlich muss im Rahmen der Kommunikationspolitik die Frage gestellt werden, welche werbewirksamen Aktionen und Aktivitäten der Sportverein innerhalb eines Jahres anbieten kann, um sich sowohl der Öffentlichkeit als auch den eigenen Mitgliedern, Mitarbeitern und Kunden gegenüber zu präsentieren. Dies kann mit Hilfe einer Jahresplanung erfolgen, in der alle bereits geplanten Vereinsevents wie Feste, Aktionen und Fachvorträge aufgeführt sind.

Der Verein sollte sich darüber hinaus in Leserbriefen an der öffentlichen Diskussion über relevante Themen, wie der Gesundheitsreform, beteiligen bzw. Stellung beziehen. Auf diese Weise kann er auf bestimmte Zeitungsartikel reagieren und die Position des Sportvereins zu Fragestellungen in der öffentlichen Diskussion klarstellen. Ein Leserbrief sollte kurz und knapp formuliert sein, das Wichtigste steht stets am Anfang des Briefes.

Mailinglisten und Newsletter erfüllen hingegen die Funktion elektronischer Verteilerlisten. Wer Interesse hat, kann sich in eine Liste eintragen lassen und bekommt die neuesten Informationen des Vereins in regelmäßigen Zeitabständen per Email zugeschickt. Dadurch hat der Verein die Möglichkeit, zeitnah mit einer breiten Öffentlichkeit zu kommunizieren.

Die PR-Kampagne ist hingegen eine zeitlich befristete, thematisch begrenzte dramaturgisch angelegte multimedial operierende Kommunikationsstrategie, um ein bestimmtes Kommunikationsziel zu erreichen. Bei Kampagnen werden oft mehrere PR-Instrumente gleichzeitig konzeptionell eingesetzt. PR-Kampagnen gehören zu einer langfristigen und professionellen Öffentlichkeitsarbeit.
Die Vereinsziele und das vereinstypische CD müssen der Kampagne zugrunde liegen, wenn sie vertrauens- und imagebildend wirken soll.

Die bereits erwähnte Vereinszeitung sollte sich nicht nur an die Mitglieder des Vereins richten, sondern auch die breite Öffentlichkeit informieren und damit imagebildend wirken. Sowohl Sponsoren als auch gewünschte Kooperationspartner oder potenzielle Mitglieder und Mitarbeiter können durch eine gelungene Vereinszeitung Interesse am Verein finden.

Die Verkaufsförderung[68] umfasst die Analyse, Planung, Durchführung und Kontrolle von zumeist zeitlich begrenzten Maßnahmen, die den Kunden dazu motivieren sollen, das entsprechende Produkt zu erwerben oder die Dienstleistung nachzufragen. Die Aktivitäten der Verkaufsförderung können auf der Ebene der Absatzmittler (Fachgeschäfte, Arztpraxen) oder der Konsumenten (potenzielle Mitglieder/Kunden) stattfinden. Die Verkaufsförderung mit Hilfe eines Absatzmittlers bedeutet, dass der Verein seine Kontakte zum Absatzmittler nutzt, um verkaufsfördernde Maßnahmen zur Mitglieder- bzw. Kundengewinnung einzuleiten. Dies kann zum Beispiel durch das Auslegen von Flyern über das Gesundheitssportangebot in den Wartebereichen des lokalen Krankenhauses

---

[68] Weyand (2006) für VIBSS-Online.

oder der Praxen niedergelassener Ärzte oder von Gutscheinen für Kurse in den Verkaufsräumen von Sanitätshäusern, Apotheken oder Sportgeschäften oder das Positionieren von Plakaten, Werbeartikeln, Info-Flyern an den Verkaufstheken obiger Geschäfte oder Arztpraxen erfolgen.

Die konsumentengerichtete Verkaufsförderung richtet sich hingegen direkt an den potenziellen Kunden bzw. das potenzielle Mitglied. Hierfür kommen Aktionen in Frage wie Informationsstände in der Fußgängerzone, die Verteilung von Gutscheinen für ein Probetraining an potenzielle Kunden, persönlich überreichte Werbegeschenke, öffentliche Mitmach-Aktionen, aber auch Beitragsnachlässe, Wettbewerbe und Gewinnspiele.

3.8.2.2 Pressearbeit[69]

Während sich die Öffentlichkeitsarbeit an verschiedene Teilöffentlichkeiten wendet, richtet sich die Pressearbeit explizit an die **spezielle Anspruchsgruppe der Journalisten** in den Medien, die sodann an ein Massen- bzw. Fachpublikum weiterberichten. Hier kann zwischen den Mediengattungen Printmedien, elektronische Medien und Nachrichtenagenturen unterschieden werden. Letztere recherchieren mit eigenen Journalisten und geben deren Berichte an ihre Abonnenten wie Zeitungen, Hörfunk und Fernsehen weiter. Die Kernfrage der Pressearbeit lautet stets: „Welche Medien werden von den Ziel- und Anspruchsgruppen des Vereins wahrgenommen?"

Für den auf dem lokalen Markt tätigen Sportverein kommen für die tägliche Pressearbeit wahrscheinlich häufiger das Stadtmagazin, die Lokalpresse und die kostenlosen Anzeigenblätter in Frage als die überregionalen Wochenzeitungen. Informationen über die Mediengewohnheiten können mit Hilfe von offiziellen Statistiken (z.B. Media-Perspektiven der ARD-Werbegesellschaft), aber auch durch eine Mitglieder- und Kundenbefragung gewonnen werden.

Armin Klein bringt die Pressearbeit wie folgt auf den Punkt:

> *„So ist eine zentrale Aufgabe erfolgreicher Pressearbeit, möglichst genau die jeweiligen Medien (mit ihren spezifischen Nutzergruppen) nicht nur zu erkennen, sondern sie mit ganz spezifischen Informationen zu beliefern. Zugespitzt gesagt: unter Umständen bedeutet dies, ein und dieselbe Nachricht den verschiedenen Medien unter völlig unterschiedlichen Aspekte anzubieten."*

Als Voraussetzungen für eine wirkungsvolle Pressearbeit gelten der Aufbau eines aktuellen Presseverteilers und das Wissen um die Medienrelevanz von Themen, die anhand der folgenden vier W-Fragen ermittelt werden kann:

1. Welchen Anlass hat der Verein, sich an die Medien zu wenden (z.B. neue Produkte, Personalien, Neuigkeiten)?

---

[69] Ebeda.

2. Welche Anspruchsgruppen sollen erreicht werden und damit zusammenhängend auch die Frage nach den Mediengewohnheiten der jeweiligen Anspruchsgruppen?
3. Welche Einzelmedien passen zum Anlass und welche Ressorts bzw. welche Einzelpersonen müssen angesprochen werden?
4. Wie muss die Information bzw. das Material entsprechend den Anspruchsgruppen und Medien aufbereitet werden?

Die Pressearbeit und die damit verbundene direkte Ansprache von Redaktionen bzw. Journalisten stellt für viele Vereine eine Möglichkeit dar, in den Medien Gehör zu finden. Viele Themen können Ansatzpunkte für interessante Berichte im Sportressort, in Gesundheitsmagazinen und in der Lokalpresse sein. Hier ein Überblick über mögliche Themen[70]: Einführung neuer Trainings- und Therapiemethoden, Erweiterung des Gesundheitssportangebots, Vereinsauszeichnungen wie der Erhalt von Qualitätssiegeln, Kooperationen vor allem mit großen und/oder lokalen Partnern, Präsentationen und Fachvorträge, Übernahme von Schirmherrschaften lokaler Prominenz, Neumitgliedschaft einer prominenten Person, Veranstaltungen, Sponsoring, Messeaktivitäten, Angebot von Lehrstellen-/Praktikumsplätzen, Entwicklungen, bezüglich der Mitarbeiter, Mitglieder bzw. Kunden, Mitgliederwünsche und Jubiläen.

Zu den wesentlichen Instrumenten der Pressearbeit zählen:

Medien-Events. Grundsätzlich sind alle Veranstaltungen, zu denen Pressevertreter geladen werden, auch Medien-Events. Dies sollte der Verein berücksichtigen und seine Veranstaltungen so attraktiv und medienrelevant gestalten, dass die Medienvertreter angesprochen werden. Neben der reinen Informationsvermittlung gehört auch der Erlebnischarakter zum Gelingen einer Veranstaltung. Erlebnisse werden durch Spiel und Spannung erzeugt. Reine Medienveranstaltungen, zu denen nur Pressevertreter eingeladen werden, sind für die meisten Sportvereine nicht denkbar und auch nicht sinnvoll. Darüber hinaus können Presseanfragen (reaktive Pressearbeit) aus unterschiedlichen Motiven zu den Vereinen gelangen. Bei aktuellen Ereignissen, brisanten Themen oder zu Recherchezwecken werden die Journallisten nämlich selbst aktiv. Für die Vereine gilt es hier, schnell und professionell die gewünschten Informationen zur Verfügung zu stellen.

Newsletter für Pressedienste enthalten gesammelte mediengerecht ausformulierte Nachrichtentexte, Interviews, Statistiken usw. Für die meisten kleineren Sportvereine sind diese Dienste im Rahmen ihrer Öffentlichkeitsarbeit wenig sinnvoll. Lediglich Großvereine mit entsprechenden Nachrichten können Newsletter für ihre Pressearbeit nutzen.

Presseeinladungen werden vom Verein ausgesprochen, um Journalisten zu den genannten Veranstaltungen, Ereignissen oder Hintergrundgesprächen ein-

---

[70] Weyand (2008) für VIBSS-Online.

zuladen. Eine Presseeinladung gibt stets Antwort auf die sechs W-Fragen (s.u.) und erläutert den Kontext der Veranstaltung. Sie sollte einen Anreiz für die Presse geben, die Veranstaltung zu besuchen. Presseinladungen sollten nicht länger als eine Seite sein. Außerdem sollte das Anschreiben stets persönlich adressiert sein und eine Rückmeldemöglichkeit zur Teilnahme vorsehen.

Pressemitteilungen haben die Aufgabe, knapp, klar und möglichst objektiv über ein bestimmtes Ereignis (Veranstaltung, Kursbeginn usw.) zu informieren. Der Umfang einer Pressemitteilung ist demnach begrenzt und soll Antworten enthalten auf die Fragen: wer, was, wann, wo, wie und warum? Die Pressemitteilung enthält Erklärungen, Stellungnahmen, Informationen oder andere Nachrichten des Vereins. Sie ist als Angebot an die Redaktion zu verstehen, den Text zu übernehmen oder als Basis für eigene Formulierung oder sogar zur Recherche zu verwenden. Zu den Pressemitteilungen zählen die folgenden Formen: Pressemeldung: Die Pressemeldung ist die üblichste und am besten akzeptierte Form der Pressemitteilung. Sie erfolgt im Nachrichtenstil. Das Wichtigste, Neueste oder Nützlichste steht in den ersten Zeilen. Die weiteren Informationen folgen in abnehmender Bedeutung. Die Sprache ist einfach und verständlich. Die Überschrift enthält bereits die wichtigste Information. In den ersten drei bis vier Zeilen erfährt der Leser alle wichtigen Antworten auf die obigen W-Fragen. Eine Pressemeldung ist frei von jeglicher Wertung, um Glaubwürdigkeit zu erreichen. Der Pressebericht unterscheidet sich von der Pressemeldung nur durch die Länge. Auch er beantwortet die W-Fragen, liefert aber zusätzliche Hintergrundinformationen. Der Bericht kann darüber hinaus Zusammenhänge, Vorgeschichte und Fachbegriffe näher erläutern. Der Textaufbau muss nicht zwingend vom Wichtigsten zum weniger Wesentlichen verlaufen, sondern kann auch chronologisch über Ereignisse berichten.

Mit der **Pressemappe** kann der Verein umfangreichere Informationen, z.B. über das gesamte Gesundheitssportangebot, kommunizieren. Auf diesem Wege wird dem Journalisten beispielsweise in einem Pressegespräch schriftliche Informationen, Bildmaterial (DVDs) oder auch Tondokumente (CDs) zur Unterstützung des mündlichen Vereinsstatements oder als Arbeitsgrundlage für die journalistische Berichterstattung übergeben. Die Pressemappe enthält auf einem Datenblatt alle wichtigen Informationen über den Verein und darüber hinaus eine Zusammenstellung von ausführlicheren Informationen über die Gesundheitssportkurse wie Kursort, Therapieziel, Teilnehmerkreis, Ausstattung, Qualifikation der Kursleiter, Kursanordnung, Kooperationspartner, Zusatzleistungen usw.

Das **Pressegespräch** mit einzelnen Journalisten umfasst verschiedene Formalisierungsgrade, angefangen vom informellen Gedankenaustausch über das Hintergrundgespräch bis hin zum förmlichen Interview. Gegenüber den Printmedien ist vorab zu vereinbaren, dass die Textfassung des Interviews vor der Veröffentlichung zur Korrektur und Genehmigung vorgelegt wird. Bei Pressegesprächen im Hörfunk sollten die einzelnen Fragen vorab besprochen werden. Die Pressekonferenz ist die aufwändigste Form der Pressearbeit, die sich nur dann lohnt, wenn der Verein einen medienrelevanten Anlass sieht, um eine Vielzahl von Journalisten der verschiedenen Medien für eine informative Selbstdarstellung einzuladen. Die Pressekonferenz, die eine langfristige und detaillierte Planung erfordert, dauert in der Regel zwischen 30 und 90 Minuten und umfasst die drei Phasen 1. Begrüßung und Statements des Vereins vom Podium aus; 2. Frage- und Antwortrunde der Journalisten und 3. Individualgespräche und Stehimbiss zum Abschluss. Auch ein Besuch in der Redaktion der lokalen Tageszeitung ist ein Weg, das Gespräch zwischen dem Verein und den Journalisten zu initiieren, Pressekontakte zu pflegen und mehr über die Arbeit der Journalisten zu erfahren.

3.8.2.3 Werbung

Die Werbung ist ein klassisches und wesentliches Instrument der Marketingkommunikation und institutionellen Kommunikation. Sie ist vor allem darauf ausgerichtet, Menschen zu beeinflussen. Dazu wird das eigene Produkt bzw. die eigene Dienstleistung mit seinen Vorteilen und attraktiven Möglichkeiten vorgestellt. In der Regel handelt es sich um eine Einwegkommunikation, d.h. vom Verein an eine bestimmte Anspruchsgruppe. Die Werbung ist deshalb darauf ausgerichtet, Kunden oder interessierte Kunden unter Einsatz bestimmter Werbemittel wie Anzeigen oder Plakate im Sinne der festgelegten Marktstrategie so zu beeinflussen, dass sie sich letztlich für die Teilnahme an einen Gesundheitssportkurs des Vereins entscheiden.[71]

Voraussetzung für jede Werbekampagne ist die Abstimmung mit den Zielen und der grundsätzlichen strategischen Ausrichtung des Vereins. Die Werbemaßnahmen werden auf der Grundlage eines strukturierten Werbeplans, beispielsweise nach dem von Armin Klein für das Kultur-Marketing vorgeschlagenen Werbeplans[72], analysiert, geplant, durchgeführt und kontrolliert. Dabei ist jede Werbeaktivität durch vier Funktionen in unterschiedlicher Ausprägung gekennzeichnet.

1. Sie **informiert**, z.B. darüber, wann und wo welche Kurse stattfinden

2. Sie **überzeugt**, z.B. durch angebotene Problemlösungen.

3. Sie **fordert auf**, d.h. hier zur Teilnahme an den Sportkursen.

4. Bestenfalls soll sie auch **unterhalten**, z.B. durch den Einsatz von Witz, Humor oder Spieleffekte.

Der **Werbeplan** dient als Planungshilfe für Werbekampagnen des Vereins. Den Ausgangspunkt bildet die Analyse der Ausgangssituation mit Blick auf die Fragen nach der Zielsetzung, den Anspruchsgruppen und ihrer Mediennutzung, der Werbeaktivität der Konkurrenz sowie des verfügbaren Budgetrahmens. In der zweiten Phase sind die Werbeziele klar und eindeutig möglichst nach dem erwähnten SMART-Prinzip zu bestimmen. Die Werbeziele beziehen sich auf die folgenden vier Dimensionen:

---

[71] Weyand (2006) für VIBSS-Online.
[72] Vgl. Klein (2001), S. 421-452.

1. **Werbeobjekt**: Hier geht es darum, was beworben werden soll. Dazu stehen drei Werbearten zur Verfügung: Erstens die Produktwerbung, die ein neues Gesundheitsprogramm mit verschiedenen Kursen oder eine neue Zusatzleistung bewirbt. Zweitens die Imagewerbung, mit der für ein „Tag der offenen Tür" oder ein größeres Vereinsfest geworben wird. Drittens die Aufklärungswerbung, die über die positiven Auswirkungen des Gesundheitssports an sich, eines bestimmten Kurses oder einer bestimmten sporttherapeutischen Maßnahmen informiert.

2. **Werbesubjekt**: Hierbei geht es um die Bestimmung der Anspruchsgruppen, die mit den Kommunikationsmaßnahmen angesprochen werden sollen. Die Anspruchsgruppen müssen möglichst genau mit ihren Merkmalen festgelegt werden, um den entsprechende Medieneinsatz planen zu können. Hier stehen im Wesentlichen drei Formen der Anspruchsgruppenorientierung zur Verfügung:
Einzelwerbung: One-to-one-marketing mit individueller Ansprache
Mengenwerbung: wendet sich an eine bestimmte Anspruchsgruppe, wie Senioren
Massenwerbung: wendet sich an alle, z.B. mittels Stadtplakatierung

3. **Werbeintention**: Hier geht es um die Antwort auf die Frage „Was soll erreicht werden?". Hier stehen mit Blick auf das Werbesubjekt verschiedene Möglichkeiten zu Verfügung, z.B. die Vermittlung von Kenntnissen, das Wecken eines bestimmten Bewusstseins oder das Ansprechen von Motiven usw.[73] Mögliche Motive von Anspruchsgruppen im Zusammenhang mit dem Gesundheitssport werden unter Kapitel 4.2.3.1 näher beschrieben.

4. **Werbezeitraum**: Bei der Planung von Werbemaßnahmen spielt das Timing eine wichtige Rolle, wobei zwei zeitliche Aspekte zu berücksichtigen sind: die Dauer und der Zeitraum. Bezogen auf die Kampagnendauer muss die chronologisch sinnvolle Taktung der verschiedenen Werbeinstrumente geplant werden, z.B. wann erfolgt die Anzeigenschaltung, wann die Außenwerbung, der Mailing-Versand usw. Die Wahl des Kampagnen-Zeitpunktes ist ebenfalls von Belang, z.B. Outdoor-Aktivitäten sollten im Frühling und Sommer starten. Bereits während des gesamten Marketingprozesses ist eine konkrete Zeitplanung zu erstellen, um die geplanten Maßnahmen zu koordinieren und aufeinander abzustimmen. Und schließlich ist in der Realisationsphase auch die Personalplanung zu berücksichtigen. Hier geht es darum, wer die Plakate aufhängt und Flyer verteilt usw.

In der dritten Phase des Werbeplans werden die Werbebotschaften für die jeweils identifizierte Anspruchsgruppe festgelegt. Die Festlegung der Werbeträger, d.h. die Auswahl der Medien, die im Zuge der Werbekampagne zum Einsatz kommen, hängt dabei ebenfalls entscheidend von den anzusprechenden Anspruchsgruppen ab.

---

[73] Vgl. Zulauf (2010), Marketing-Seminar.

In der daran anschließenden Realisierungsphase werden die Anspruchsgruppen mit der Werbebotschaft konfrontiert. Dies erfolgt im Rahmen der konkreten Ausführung der geplanten Werbemaßnahmen unter Berücksichtigung der Zeit-, Budget- und Personalplanung. Bereits in der Realisierungsphase erfolgt die Werbewirksamkeitskontrolle. Dabei geht es um einen kontinuierlichen, Prozess begleitenden Soll-Ist-Abgleich, um im Falle größerer Zielabweichungen ggf. noch im Verlauf der Werbekampagne notwendige Korrekturmaßnahmen durchzuführen.

Zum Abschluss jeder Werbekampagne hat eine abschließende Zielerreichungskontrolle zu erfolgen, um den Werbeerfolg zu messen und um Fehler mit Blick auf die nächste Kampagne zu vermeiden. Eine ausführlichere Beschreibung von Kontrollmaßnahmen ist Kapitel 4.4 zu entnehmen.

Eine weitere wirksame Werbeform ist die **Testimonial-Werbung**[74]. Eine herausragende Funktion innerhalb von Kommunikationsprozessen haben die Meinungsführer (Opinionleader). Diese Erkenntnis nutzt die Testimonial-Werbung, die auf die wichtige Ressource Vertrauen setzt. Deshalb werden besondere Personen, wie z.B. Prominente, Experten oder auch typische, sympathisch wirkende Kunden, denen in einem spezifischen Umfeld besonderes Vertrauen entgegengebracht wird, quasi als Werbeträger für ein bestimmtes Produkt oder eine bestimmte Dienstleistung eingesetzt. Diese Personen sollen ein Zeugnis für die gute Qualität des Produktes bzw. der Dienstleistung ablegen.

Für den Sportverein ist die Testimonial-Werbung besonders interessant, wenn er über prominente Mitglieder verfügt oder wenn es ihm gelingt, einen bekannten Sportler als Werbeträger zu gewinnen.

Für Gesundheitssportkurse, die sich vornehmlich an ältere Menschen richten, kommen im Rahmen der Testimonial-Werbung auch ältere bzw. frühere Sportstars in Betracht. In diesem Zusammenhang bietet sich auch die Übernahme von Schirmherrschaften durch prominente Persönlichkeiten an, die im Rahmen eines Imagetransfers ihre Bekanntheit auf den Verein und sein Gesundheitssportprogramm transferieren und auf diese Weise ebenfalls Vertrauen schaffen.

Für Werbekampagnen stehen dem Vereine beispielsweise folgende Werbemittel und Werbeträger zur Verfügung.[75]

---

[74] Armin Klein (2001), S. 421-452.
[75] Weyand (2006) für VIBSS-Online.

Übersicht über Werbemittel und Werbeträger

Werbemittel	Beispiele Werbemittel	Werbeträger / Einsatz
Anzeigen	Verschiedene Anzeigenformate Farbig oder s/w, mit Bild oder Grafik	Regionale Zeitungen, Zeitschriften sonstige regionale Publikationen, Publikationen des Verbandes
Audio- und visuelle Werbemittel	Text- und Musikbeiträge, Werbespot mit Bildern, Musik und Text, CDs/DVDs des Vereins	Rundfunk, Fernsehen, Kino
Dekorative Werbemittel	Aufsteller, Plastiken, Schilder	Veranstaltungen, Ausstellungen, Schaufenster, Vitrinen, Schaukästen, Geschäftsstelle
Plakate	Plakate unterschiedlicher Formate Bilder, Leuchtplakate usw.	Plakattafeln, Wände, Litfass-Säule Schaufenster, Einzelhandel, öffentliche Verkehrsmittel
Werbebanner/Links	Banner oder Links auf den Internetseiten von Kooperationspartnern	Internet
Werbebriefe	Persönliche Briefe, unpersonalisierte Serienbriefe	Postversand, Einwurfschreiben
Werbedrucke	Prospekte, Flyer, Handzettel Flugblätter, Info-Broschüren Aufkleber, Kalender usw.	Beilage in Zeitungen & Zeitschriften, Auslage, Postversand usw.
Werbegeschenke	Verschiedene Artikel mit Vereinslogo, visuelle und akustische Darstellungen des Vereins	Tiere, Taschen, T-Shirts, CDs, die bei Veranstaltungen verteilt, als Anerkennung bei guten Leistungen, als Zusatzgeschenke, bei Vereinsanmeldung vergeben werden.
Sonstiges	Gewinnspiele, Wettbewerbe, Gutscheine usw.	In Zeitungen, bei Veranstaltungen, als Auslagen im Einzelhandel usw.

Tab. 1.: Übersicht über Werbemittel und Werbeträger

3.8.2.4 Event-Marketing

Events bzw. Veranstaltungen dienen in erster Linie als Plattform für die Marketingkommunikation, da sie für den Verein eine gute Gelegenheit bieten, den Bekanntheitsgrad mit Blick auf die Anspruchsgruppen und die allgemeine Öffentlichkeit zu steigern. PR-Aktionen und Verkaufsförderungsaktionen sind einzigartige Veranstaltungen, die sich vom allgemeinen Regelangebot abheben. Sie bedürfen einer besonderen Vorbereitung mit Blick auf die Terminplanung, Bekanntmachung und Durchführung.[76] Das Event-Marketing folgt deshalb dem Schema der Analyse, Planung, Realisierung und Kontrolle von Events, wobei die Veranstaltung im Einklang mit dem bestehenden oder gewünschten Gesamtimage und der CI des Sportvereins und damit letztlich mit dem Vereinsleitbild stehen muss.

---

[76] Kleinschmidt (2006) für VIBSS-Online.

Da sich die Gesundheitssportprogramme vor allem an ältere und/oder kranke Menschen richten, muss auf diese Anspruchsgruppe auch bei der Event-Planung entsprechend Rücksicht genommen werden. Dies schließt beispielsweise den leichten und barrierefreien Zugang zu den Sportstätten ein, z.B. Parkplatz in direkter Nähe, Aufzüge, Rampen anstatt Treppen, ausreichende Sitzplätze usw.

Neben der Möglichkeit, die Sportstätte mit ihren praktischen Nutzungsoptionen bekannt zu machen, hat der Sportverein die Gelegenheit, in entspannter Atmosphäre mit seinen Anspruchsgruppen zu kommunizieren und sich zu präsentieren. Events sind vor allem erlebnisorientierte Veranstaltungen mit einer Mischung aus Informationen und Emotionen. Alle Veranstaltungen mit PR-Charakter müssen langfristig geplant und vorbereitet werden. Schlecht organisierte Veranstaltungen sind Imagekiller.

Da Events oftmals mit hohen Kosten verbunden sind, sollte vor der Event-Planung stets der Kosten-Nutzenfaktor im Vergleich zu den anderen ggf. günstigeren Kommunikationsinstrumenten erfolgen. Folgende Veranstaltung sind für den Gesundheitssport vorstellbar[77]:

- Events mit einem bestimmten Anlass (Fußball-WM, TV-Übertragungen von internationalen Sportereignissen),
- Tag der offenen Tür,
- Aktionstage z.B. über den Gesundheitssport,
- Präventionstage in Kooperation mit Krankenkassen oder Senioreneinrichtungen,
- Vereinsfeiern,
- Vortragsreihen zum Thema „Gesundheit und Sport",
- Einführung von Sportprogrammen,
- Wett- und Schaukämpfe,
- Sportfeste,
- Jubiläen,
- Jahresfeiern,
- Sponsorenläufe,
- Mitternachtsschwimmen,
- Sommerfeste,
- Weihnachtsfeiern
- Schnupperveranstaltungen.

3.9 Die integrierte Kommunikation im Sportverein

Die Grundidee der integrierten Kommunikation bezieht sich auf eine **einheitliche und widerspruchsfreie Kommunikation**[78]. Die Kommunikation der verschiedenen Vereinssparten soll dabei so ausgerichtet werden, dass sie von den Anspruchsgruppen als gemeinsamer Informationsfluss wahrgenommen wird.[79]

---

[77] Ebd.
[78] Studienbrief MKN 820, S. 25.
[79] Vgl. Kirchner (2003), S. 45.

Der Ansatz orientiert sich an der Wahrnehmung des Rezipienten, der die einzelnen Kommunikationsaktivitäten einer Nonprofit-Organisation nicht getrennt voneinander wahrnimmt und verarbeitet. Zerfaß betont in diesem Zusammenhang, dass Integration nicht Einförmigkeit bedeutet. Es gilt vielmehr, eine widerspruchsfreie und in unterschiedlicher Informationstiefe und –dichte anspruchsgruppenorientierte Botschaft zu vermitteln, die im Einklang mit den Kommunikationszielen steht. Die Komplexität muss auf wenige Sachverhalte reduziert werden, die vom Standpunkt der Anspruchsgruppe aus wichtig sind.[80]

Die Konsequenz daraus ist, dass alle verfügbaren Kommunikationsformen aufeinander abzustimmen sind, d.h. institutionelle Kommunikation, Marketingkommunikation und Dialogkommunikation. Angesichts der exponentiell steigenden Menge an Informationen und Werbebotschaften, die täglich auf die Konsumenten einwirken, ist es eine wesentliche Herausforderung der Kommunikationspolitik, Interessenten auf das eigene Sportangebot aufmerksam zu machen und darüber hinaus zu einer Handlung, d.h. der Kontaktaufnahme zum Sportverein, zu motivieren. Die Wiedererkennung des Sportvereins als einen herausragenden Anbieter von Gesundheitssportleistungen mit hohem Qualitätsstandard kann für potenzielle Interessenten eine wesentliche Rolle in ihrem Such- und Auswahlprozess spielen.

Die integrierte Kommunikation und ein einheitliches Erscheinungsbild können mit Blick auf das Kommunikationsziel ‚Schaffung eines hohen Wiedererkennungsgrades' hilfreich sein. Die Verbesserung der Wahrnehmung der Kommunikationsbotschaft und die Erhöhung der Kommunikationswirkung stehen deshalb im Zentrum einer integrierten Kommunikation.

Das bedeutet, dass nicht der Verein, sondern grundsätzlich der Kunde im Mittelpunkt aller Kommunikationsbemühungen steht. Ziel der integrierten Kommunikation sollte es deshalb sein, einen Dialog mit den Rezipienten, also der Anspruchsgruppe, zu initiieren und aufrechtzuerhalten[81]. Konzeptionell kann dies durch den Aufbau eines Informationspools (über Printmedien) oder eines Interaktionspools (Website, E-Mail, Telefon-Hotline) oder mittels der erwähnten Veranstaltungen erfolgen. Die Anspruchsgruppen können so selbst entscheiden, ob und wie sie diese Pools in Anspruch nehmen möchten. Zerfaß[82] ergänzt die drei Integrationsbereiche noch um den Aspekt der dramaturgischen Integration. Hierbei geht es um die Abstimmung von Kommunikationsaktivitäten im Rahmen von Kampagnen, die sich vom Alltagsgeschäft der Vereinskommunikation abheben und *crossmedial* geführt werden. Die Auswirkungen der integrierten Kommunikation auf die Vereinsaktivitäten lassen sich auf zwei Ebenen determinieren[83]:

---

[80] Zerfaß/Piwinger (2007), S. 52.
[81] Bruhn 2000, S. 14.
[82] Zerfaß/Piwinger (2007), S. 41 ff.
[83] Rager/Weber (2010), S. 30.

Effektivität *(„Are we doing the right things?")*: Sie befasst sich mit der Fragestellung, ob die gewählte Kommunikationspolitik geeignet ist, um die beschlossene Vereinsstrategie zu fördern. Wird der Gedanke des Gesundheitssports über die Kommunikationsinstrumente widerspruchslos vermittelt? Wird die Position und das Leistungsangebot des Sportvereins differenziert und eindeutig wahrgenommen?

Effizienz *(„Are we doing things right?")*: Sie befasst sich mit der Fragestellung, ob die Kommunikationsstrategie zweckmäßig umgesetzt wird. Wo sind Einsparungen durch Synergieeffekte oder eine sinnvolle Optimierung möglich?

4. Die Kommunikationspolitik in der Praxis

Die Kommunikationspolitik umfasst die Analyse, Planung, Implementierung und Kontrolle von Kommunikationsmaßnahmen, um die im Rahmen des Marketingkonzepts entwickelte Vereinsstrategie umzusetzen. Ihre zentrale Frage lautet deshalb: „Was soll wann wem wie mit welchem Ziel gesagt werden?"[84]

Dabei basiert die Kommunikationspolitik auf dem entwickelten Vereinsleitbild, der Marktstrategie und der Corporate Identity, die um die Komponente der Corporate Culture als gelebte Vereinswerte und –normen erweitert wird. Die Kommunikationsstrategie umfasst dabei die Schwerpunktlegung der Kommunikationsmaßnahmen mit Blick auf das Objekt, die Art, die Anspruchsgruppen und den Zeitabschnitt[85]. Im Rahmen der Vereinskultur sollten Vereinsmission und Vereinsvision bereits festgelegt und in der Satzung und im Leitbild des Vereins verankert sein.[86] Zur Bearbeitung der bereits beschriebenen zentralen Aufgabenfelder der Kommunikationspolitik werden mit Blick auf die einzelnen Phasen des Kommunikationsprozesses nachstehend nur Beispiele für Kommunikationsmaßnahmen vorgestellt. Die jeweilige Anwendung der Kommunikationsinstrumente hängt stets von der jeweiligen konkreten Vereinssituation ab.

4.1 Analyse: Wo stehen wir?

Wie kann nun die Kommunikationspolitik des Sportvereins mit dem Schwerpunkt Gesundheitssport konkret aussehen und wo befindet sich der Ausgangspunkt der kommunikationspolitischen Maßnahmen?

Analog zum Marketingprozess folgt auch die Kommunikationspolitik dem bereits beschriebenen konzeptionellen Schema der Analyse, Planung, Durchführung und Kontrolle.
Ausgangspunkt eines jeden Kommunikationskonzeptes ist demnach die Analyse der aktuellen Vereinssituation unter Berücksichtigung der primären und sekundären Marktforschung aus kommunikationspolitischer Sicht. Die Kommunikationsstrategie selbst basiert auf den zuvor getroffenen Entscheidungen über die Geschäftsfeld- und Marktteilnehmerstrategien.

Bei der **Analyse der Ausgangssituation** können folgende Fragestellungen[87] als Orientierung dienen. Die allgemeinen Aspekte beziehen sich auf Fragen wie: Mit welchen Maßnahmen können die gesetzten Vereinsziele erreicht werden? Gibt es bezogen auf die Kommunikationspolitik einen Rückhalt bei den Mitgliedern? Gab es ähnliche Maßnahmen in der Vergangenheit? Waren diese Aktionen erfolgreich? Warum bzw. warum nicht?

Ferner ist die Frage zu stellen, ob sich die Festlegung der Kommunikationsmaßnahmen nach der Finanzkraft des Vereins, den Mitbewerbern oder den Zie-

---

[84] Klein (2001), S. 421-452.
[85] Bruhn (2005), S. 395-396.
[86] Weyand (2006) für VIBSS-Online.
[87] Klein (2001), S. 421-452.

len und Aufgaben des Vereins richtet. Hier muss der Verein sich über die Einflussfaktoren seiner eigenen Kommunikationspolitik im Klaren sein. Für eine umfassende Analyse steht beispielsweise die Stärken/Schwächen-Chancen/Risiken-Analyse (SWOT) zur Verfügung. Sie umfasst eine Diagnose der bisherigen Kommunikationsaktivitäten mit Blick auf die internen, d.h. personellen, strukturellen oder finanziellen Schwächen oder Stärken sowie auf die externen, d.h. markt- oder saisonabhängigen Chancen oder Risiken des Sportvereins.

In dieser Phase werden verschiedene Fragestellungen behandelt wie: „Welche kommunikationspolitischen Problemstellungen werden mit Blick auf die Umsetzung der Kommunikationsstrategie gesehen?" „Welche Kommunikationsmaßnahmen kommen zur Problemlösung in Betracht?" Schwächen mit Blick auf die eigenen Personalressourcen können z.B. durch Weiterbildungsmaßnahmen für PR-Arbeit von Vereinsmitgliedern oder durch die Einstellung eines erfahrenen Pressereferenten sowie mit der Beauftragung einer PR-Agentur ausgeglichen werden. Auf die Fragestellung bezüglich des vorhandenen Budgets für Kommunikationsmaßnahmen sollten auch Finanzierungsmöglichkeiten wie das Sponsoring oder Secondments[88] in Betracht gezogen werden.

Die Chancen zur Nutzung von kommunikationspolitischen Synergien beispielsweise im Rahmen von Dachmarkenstrategien, Kooperationen oder Vereinsfusionen sind ebenfalls abzuwägen. Außerdem sollten die Bedürfnisse des Vereins mit Blick auf die Nutzungsmöglichkeiten der drei Kommunikationsfelder Institutionelle Kommunikation, Marketingkommunikation und Dialogkommunikation eruiert werden.

Für die **interne Situationsanalyse** bieten sich Befragungen von Mitgliedern, Mitarbeitern und Leistungsempfängern an. Diese können entweder durch direkte Gespräche oder telefonisch/schriftlich erfolgen und sind eine einfache, verlässliche und kommunikative Methode der Datenerhebung, die allerdings aufwändig in der Vorbereitung und Auswertung ist.

Im Rahmen einer **Imageanalyse** wird das Image und die Reputation des Vereins, mittels Fragebogen oder telefonischer und/oder persönlicher Befragungen, untersucht. Hier geht es um die Analyse des Fremdbildes mit der Fragestellung „Wie wird der Verein von den Anspruchsgruppen mit Blick auf den Gesundheitssport bislang wahrgenommen?"

Die **Marktanalyse** bezieht sich hingegen auf den Verein als Marktteilnehmer und untersucht die Vereinskommunikation mit der Fragestellung: „Wie kommuniziert der Sportverein mit seinen Anspruchsgruppen nach innen (Mitglieder/Nichtmitglieder) und nach außen (sonstige Anspruchsgruppen)?"
Im Gegenzug ist auch die Kommunikationspolitik der Mitbewerber auf dem Sektor des Gesundheitssports zu analysieren. Welche Kommunikationsinstrumente werden von den Mitbewerbern eingesetzt? Ist die Kommunikationspolitik der Mitbewerber überzeugend, wenn ja/nein, warum/warum nicht?

---

[88] Secondment (engl.): Personalüberlassung für gemeinnützige Organisationen bei voller Bezahlung durch das Geberunternehmen.

Mit der **Umfeldanalyse** werden Markttrends und Entwicklungsmöglichkeiten für den Verein auf kommunikationspolitischer Ebene aufgedeckt. Hierzu dienen Fragestellungen wie: „Wie werden generell sportliche Gesundheitsleistungen auf dem Markt beworben?" „Welche Werbeaussagen gibt es?" „Auf welche Weise wird die immaterielle Dienstleistung von den Mitbewerbern materialisiert?" „Verfügt der Sportverein im Vergleich zu seinen Mitbewerbern über Differenzierungsmerkmale?" „Wie lassen sich die festgestellten Differenzierungsmerkmale des Sportvereins im Rahmen einer wirkungsvollen Kommunikationspolitik nutzen?"

4.2 Planung: Wo wollen wir hin?

In der Planungsphase ist auf die Abstimmung der Inhalte und Maßnahmen mit dem ganzheitlichen Vereinsmarketing zu achten. Das bedeutet sorgfältige Segmentierung der Anspruchsgruppe(n) und Auswahl der Ansprache, der eingesetzten Mittel und der Kommunikationstonalität. Doch zunächst sind die Kommunikationsziele zu bestimmen.

4.2.1 Bestimmung der Kommunikationsziele

Für jede Kommunikationsmaßnahme ist zunächst ein klares und messbares Ziel zu formulieren. Bei der Bestimmung von Kommunikationszielen sind die unterschiedlichen Bedürfnisse der jeweiligen Anspruchsgruppe zu berücksichtigen. Im Zusammenhang mit dem Gesundheitssport spielen vor allem psychologische Ziele eine wesentliche Rolle. In der Marketingliteratur[89] wird zwischen drei wesentlichen Zielkategorien der Kommunikationspolitik unterschieden, die die Kommunikationsabsichten jeweils aus verschiedenen Perspektive beleuchten.

4.2.1.1 Kognitiv-orientierte Kommunikationsziele

Berührungs- und Kontakterfolg: Die Kommunikationsbotschaft sollte möglichst ohne Streuverluste, d.h. ohne Kontakte mit Nichtzielpersonen, die ausgewählten Anspruchsgruppen erreichen. Dies lässt sich durch eine gezielte Nutzung und Streuung der Kommunikationsmittel erreichen. Flyer, die über Reha-Sportangebote informieren, sollten dort ausgelegt werden, wo man die potenzielle Kundengruppe vermutet, also in Kliniken, Arztpraxen, Schwimmbädern, bei den örtlichen Krankenkassen usw.

Informationsfunktion: Aufgrund der genannten Immaterialität und Komplexität der Gesundheitssportleistung ist die Kommunikationspolitik gefordert, umfassende Informationen über die angebotenen Leistungen (z.B. Leistungsumfang, Bedingungen, Ort der Leistungserfüllung) zu geben.

---

[89] Bruhn (2005), S. 387-391.

Aufmerksamkeitswirkung: Hier geht es darum, den unbewussten Wahrnehmungsfilter des Rezipienten zu umgehen, so dass die Kommunikationsmaßnahme im allgemeinen Medienumfeld nicht untergeht. Dies kann durch eine besondere inhaltliche Dramatik oder auffallende Gestaltung der Kommunikationsmaßnahme gelingen, z.B. mittels Guerilla-Marketing (siehe Kapitel 4.3.2.3). Hierfür ist ggf. auch auf das Know-how von Werbefachleuten zurückzugreifen.

Erinnerungswirkung: Dieses Ziel bezieht sich auf die langfristige Speicherung der kommunizierten Informationen im Gedächtnis des Rezipienten und ist zudem eine wichtigen Funktion der Markenbildung. Angestrebt wird dabei, dass der Sportverein in der Leistungskategorie „Präventiv-/Reha-Sport" im Gedächtnis des Rezipienten verankert wird. Dies ist ein mittel- bis langfristiger Prozess, der mit einer kontinuierlichen und konsequenten Kommunikationspolitik zum Aufbau einer unverwechselbaren Corporate Identity und eines besonderen Vereinsimage einhergeht.

4.2.1.2 Affektiv-orientierte Kommunikationsziele

Generierung von Interesse: Das Wecken von Interesse an einer Leistung ist ein Kernziel der Kommunikationspolitik. In einem zweiten Schritt muss die Auseinandersetzung des Rezipienten mit der Leistung hervorgerufen werden. Die Kommunikationspolitik muss dabei die Anspruchsgruppe im Blick haben. Es muss antizipiert werden, welcher Personenkreis überhaupt für die Generierung von Interesse an dem gesundheitssportlichen Leistungssport in Frage kommt.

Gefühlswirkung: Dies wird durch eine Kommunikationsbotschaft erreicht, die beim Rezipienten eine Emotion weckt. Mit Blick auf den Gesundheitssport sollte die Kommunikationspolitik beim Rezipienten vor allem positive Gefühle auslösen. Kommunikationsbotschaften, die belehrend wirken oder gar auf Negativbeispielen basieren, sind dafür weniger geeignet. Die Botschaft des Gesundheitssports sollte deshalb, ähnlich wie im Wellness-Sektor, eine Wohlfühlwirkung beim Rezipienten erzeugen, in dem Sinne, dass das Sportangebot dem Verbraucher in jeder Lebenssituation gut tut und ihm bei der Bewältigung von gesundheitlichen Krisen helfen kann.

Positive Hinstimmung: Die positive Hinstimmung zu einer Leistung kann durch die Konkretisierung unbewusster Bedürfnisse erreicht werden. Hierbei sind die Anspruchsgruppen davon zu überzeugen, dass die Leistung für den Empfänger einen großen Nutzen hat. Dieses Ziel spielt in der Kommunikationspolitik von Sportvereinen mit dem Schwerpunkt Gesundheitssport eine wesentliche Rolle. Für den Präventiv- und Reha-Sport sind die gesundheitlichen, sozialen und finanziellen Vorteile für alle Anspruchsgruppen klar erkennbar. Das Besondere am Gesundheitssport ist dabei, dass sich die positiven Auswirkungen nicht auf den sportlich Aktiven selbst beschränken, sondern auch auf sein persönliches Umfeld erstrecken. Der Grund dafür ist, dass das Gesundheitswesen weitreichende wirtschaftliche und gesellschaftliche Implikationen hat. Eine Verbesserung des Gesundheitszustands wirkt sich deshalb gleich in mehrfacher, d.h. individueller und gesellschaftlicher Hinsicht positiv aus.

Imagewirkung: Die Aufgabe der Kommunikationspolitik zum Aufbau eines positiven Vereinsimage wurde vorstehend bereits ausführlich erläutert.

4.2.1.3 Konativ-orientierte Kommunikationsziele

Auslösen von bestimmten Handlungen: Die Kommunikationsmaßnahmen müssen letztlich dazu führen, dass die Anspruchsgruppen im Sinne des Sportvereins handeln. Potenzielle Leistungsempfänger sollten mit dem Verein in Kontakt treten, um beispielsweise ein Beratungsgespräch oder ein Probetraining zu vereinbaren. Entsprechende Botschaften sind deshalb zu kommunizieren. Schließlich muss die Kommunikationspolitik des Vereins auch das Ziel verfolgen, aus einem zufriedenen Leistungsempfänger ein dauerhaftes Vereinsmitglied zu machen. Hier sind die Vorteile einer Vereinsmitgliedschaft, die finanzieller Natur sein oder sich auf soziale Aspekte wie der Geselligkeit beziehen können, dem externen Leistungsempfänger zu verdeutlichen.

Beeinflussung des Informations- und Kommunikationsverhaltens: Der Sportverein sollte sich als eine Organisation darstellen, die auf die anspruchsgruppenspezifischen Informationsbedürfnisse eingeht. Vor allem innerhalb des Vereins ist eine offene Kommunikation anzustreben, die ein Feedback seitens der Mitglieder und Leistungsempfänger in Form von Bewertungsbögen, Befragungen usw. vorsieht.

Beeinflussung des Weiterempfehlungsverhaltens: Dieses nicht zu unterschätzende Kommunikationsziel ist vor allem im Gesundheitswesen von Bedeutung, da vom Leistungsempfänger zunächst ein gewisser Vertrauensvorschuss in den Leistungserbringer verlangt wird. Aufgrund des immateriellen und intangiblen Charakters der Gesundheitssportleistungen, ist die Mund-zu-Mund-Propaganda ein wichtiges Instrument für die Akquisition neuer Leistungsempfänger. Sie reduziert die Transaktionskosten, die dem potenziellen Leistungsempfänger auf der Suche nach anderen Gesundheitssportangeboten entstehen. Zufriedene Mitglieder und Leistungsempfänger werden den Sportverein und sein Gesundheitssportangebot in ihrem Freundes- und Bekanntenkreis weiterempfehlen und damit wirkungsvoll und kostenfrei für den Verein werben.

Konkrete Kommunikationsmaßnahmen können sich auf kommunikative oder auf monetäre Ziele beziehen.[90] Kommunikative Ziele sind zwar nicht-monetär, trotzdem können sie langfristig die Vereinsexistenz sichern. Hierzu zählen beispielsweise: das Bewerben des Sportangebots mit Hilfe der Medienvertreter, Werben um neue Mitglieder/Kunden, Mitgliederaktivierung, um neue ehrenamtliche Mitglieder zu gewinnen, Präsentation des Vereins nach außen, Imageverbesserung mit Blick auf die Anspruchsgruppen, Mitpräsentieren der Sponsoren, Aufmerksamkeit potenzieller Sponsoren wecken, Gewinnung neuer Kooperationspartner, Ausbau bisheriger Vernetzungen, Einstellungsänderung infolge eines gesellschaftlichen Wandels und Teilnahme an Moden und langfristigen Trends. Die unmittelbaren monetären Ziele dienen in erster Linie der Sicherung

---
[90] Ebd.

der wirtschaftlichen Existenz. Zu ihnen gehören Finanzierungsziele, z.B. mittels Spendenaktionen oder die Umsatzsicherung oder –steigerung, die Sicherung von Marktanteilen sowie die Steigerung der Deckungsbeiträge und damit der Wirtschaftlichkeit.

4.2.2 Zeit- und Budgetplanung

Die Zeitplanung der Kommunikationspolitik kann mit Hilfe eines Projektstrukturplans bzw. einer Meilensteinplanung im Rahmen eines professionellen Projektmanagements erfolgen. Hierbei werden Meilensteine, d.h. bestimmte Unter- oder Zwischenziele, auf einer Zeitschiene eines Gantt-Diagramms unter Angabe der Verantwortlichkeit eingetragen. Generell kann die Zeitplanung auch in kurzfristige Maßnahmen (z.B. Verbesserung der Internetpräsenz), mittelfristige Maßnahmen (z.B. Verbesserung der Medienpräsenz) und langfristige Maßnahmen (z.B. Verbesserung des Vereinsimage) strukturiert werden, wobei jede Maßnahme wiederum in Arbeitspaketen mit Zeitplan, Verantwortlichkeit und Budget untergliedert wird. Die Budgetierung der Mediawerbung erfolgt anhand der zuvor bestimmten Kommunikationsziele. Hier sind dem Verein, aufgrund begrenzter finanzieller Ressourcen, oftmals enge Handlungsspielräume gesetzt. Dies ist ein wesentlicher Grund dafür, sich nach alternativen Marketinginstrumenten umzusehen, die kostengünstig und dennoch wirkungsvoll sind (siehe hierzu Kapitel 4.3.2).

4.2.3 Planungsstrategien

In dieser Phase ist zu überlegen, mit welchen Mitteln die zuvor beschriebenen Kommunikationsziele zu erreichen sind. In einem ersten Schritt werden dazu die Anspruchsgruppen segmentiert. Das Ergebnis der Anspruchsgruppensegmentierung hat dabei wesentliche Auswirkungen auf die Botschaft und Gestaltungsart der Kommunikation sowie auf die Mediaplanung.

4.2.3.1 Segmentierung von Anspruchsgruppen nach Motiven

Nachdem die Kommunikationsziele festgelegt worden sind, stellt sich die zentrale Frage, mit wem der Verein in Dialog treten will, um seine Ziele zu erreichen. Eine Möglichkeit rekurriert auf das Zürcher Modell der sozialen Motivation des Psychologen und Systemtheoretikers Norbert Bischof[91]. Das Modell stellt Wirkungszusammenhänge von Motivationssystemen dar, die das menschliche Sozialverhalten wesentlich beeinflussen. Das Modell geht dabei von den drei folgenden Grundmotiven aus:
1. **Sicherheit**, auch in Form von Nähe zu anderen Menschen und verstanden als Fürsorge für andere.
2. **Erregung**, im Sinne von Streben nach Abwechslung und Neuen, Spieltrieb.
3. **Autonomie**, im Sinne von Macht, Leistung, Geltung und Selbstwert.

---

[91] Vgl. Bischof (2001), *Das Rätsel Ödipus*.

In der traditionellen Motivationspsychologie spricht man von Anreizen, die, bedingt durch die Änderung des Ist-Zustands (also der Umwelt), notwendig sind, um ein Motiv zu aktivieren. Die Anreize sind bei Bischof über das Konzept der Detektoren formalisiert. Obwohl jedes Motivsystem als ein einfacher Regelkreis zu verstehen ist, ergibt sich aus der Verschaltung dieser drei Regelkreise eine komplexe Dynamik des Gesamtsystems, die durch einen ständigen Abgleich von Ist- und Soll-Werten aktiviert wird. Die Erhöhung des Sollwertes des einen Motivs (z.B. Autonomie) führt dabei gleichzeitig zur Sollwertabnahme des anderen Motivs (z.B. Sicherheit). Somit gibt es eine zweite Möglichkeit, Motive anzuregen und den Regelkreis aus seinem homöostatischen Zustand zu bringen: durch die Änderung des Sollwertes.

Am Beispiel der Aggression von Pubertierenden beschreibt Bischof, dass eine Veränderung des inneren Milieus ein Motivsystem aktivieren kann, ohne dass ein erkennbarer Anreiz von außen einwirkt. In dem beschriebenen Fall führt eine endogene, reifungsbedingte Änderung des Sollwerts dazu, dass eine spontane Aggressivität entsteht, ohne dass eine Änderung der äußeren Bedingungen stattgefunden hat.[92] Nimmt man die Kernaussage des obigen Modells als Erklärungsgrundlage für die Steuerung menschlichen Verhaltens, so müssen die Konsumenten, d.h. die potenziellen Leistungsempfänger, über ihre Motive verstanden werden. Ein wirkungsvolles Kommunikationskonzept muss folglich auch die Motive, d.h. die kurzfristige Verfassungen und stabilen Einstellungen der Anspruchsgruppen berücksichtigen.

Übertragen auf den Gesundheitssport im Verein bedeutet dies, dass die Kommunikationspolitik auf alle drei der genannten Hauptmotive des Zürcher Modells zurückgreifen kann. Das Motiv der Sicherheit, das sich durch den Wunsch nach menschlicher Nähe manifestiert, kann durch die Betonung der Geselligkeit im Rahmen des Vereinslebens angesprochen werden. Das Motiv der Erregung kann durch die Hervorhebung des Spiel- und Spaßaspekts befriedigt werden. Das Motiv der Autonomie kann durch die Betonung des sportlichen Leistungsgedanken angesprochen werden. Für den Reha-Sport im Speziellen ist vor allem das Motiv der Wiederherstellung der Gesundheit und damit letztlich die Wiedererlangung der körperlichen Autonomie von entscheidender Bedeutung. Alle drei Motive kommen in den identifizierten Anspruchsgruppen in unterschiedlicher Ausprägung vor. Für eine erfolgreiche Kommunikation sollte der Verein deshalb genau wissen, welche Anspruchsgruppe er über welche Motive ansprechen will.

Die Kommunikationspolitik hat hier die Aufgabe, mit Hilfe der vier kulturell verankerten Kommunikationscodes[93] **Sprache** (sowohl explizite Inhalte als auch der implizit wahrgenommene Wortklang), **Geschichte** (zum Transportieren impliziter, kulturell erlernter Bedeutungen), **Symbole** (zum besonders effizienten Transportieren kulturell erlernter Bedeutungen) sowie über **sensuale Faktoren** (wie Licht, Raum, Farben, Stimmungen, Klang, Gerüche) eine Brücke zu den Motiven der Anspruchsgruppen zu schlagen.

---

[92] Vgl. Felix Schönbrodt (2007).
[93] Zulauf (2010), Marketingseminar.

4.2.3.2 Der Reha-Sport: Anspruchsgruppen und ihre Motive

Der Reha-Sport nimmt im Vereinssport gewissermaßen eine Sonderstellung ein. Der Rehabilitationssport ist eine ärztliche Therapiemaßnahme und gehört damit zur kurativen Medizin. Die Anspruchsgruppe ist demnach klar eingegrenzt. Sie besteht im Wesentlichen aus bereits erkrankten Personen und damit aus Patienten, die sich in ärztlicher Behandlung befinden und meist aufgrund einer ärztlichen Verordnung an einem Reha-Sportprogramm teilnehmen. Das Hauptmotiv bezieht sich auf die vollständige oder teilweise gesundheitliche Rehabilitation (Autonomiemotiv). In Fällen, in denen keine vollständige Genesung möglich ist, wird zumindest eine Verbesserung des aktuellen Gesundheitszustands, z.B. durch Steigerung der körperlichen Bewegungsfähigkeit oder durch Schmerzlinderung angestrebt.

Im Anschluss an die Motiverkennung sind Überlegungen dahingehend anzustellen, in welchen Lebensbereichen, sog. Settings, die identifizierte Anspruchsgruppe anzutreffen ist. Mit großer Wahrscheinlichkeit ist der o.g. Personenkreis in den folgenden Settings zu erreichen: in Krankenhäusern/Spezialkliniken, über die niedergelassenen Ärzte, Fachärzte und Heilpraktiker, in Seniorenheinrichtungen, diakonische/karitative Pflegeeinrichtungen, Selbsthilfegruppen, über den Fachhandel für medizinische Hilfsmittel wie Sanitätshäuser und Apotheken sowie über die Krankenkassen/-versicherungen.
Demnach bieten sich strategische Kooperationen mit den genannten Marktteilnehmern an. Gegenstand solcher Kooperationen können z.B. Vereinbarungen über die Übernahme oder Teilübernahme der Kursgebühren, das gemeinsame Anbieten von Sportprogrammen, Maßnahmen zur Unterstützung der Kommunikationspolitik des Sportvereins oder Secondments sein.

Aufgrund des hohen Spezialisierungsgrades und der damit einhergehenden hohen Qualitätsanforderungen im Reha-Sport, ist die Konkurrenzsituation auf dem Markt für Reha-Sport oftmals übersichtlich und die Zahl der Anbieter von Reha-Sportprogrammen begrenzt. Diese Situation hat auch Auswirkungen auf die Kommunikationspolitik. Eine Massenwerbung mittels Plakaten und großen Anzeigenkampagnen ist hier wahrscheinlich weniger sinnvoll als eine auf die identifizierte Anspruchsgruppe zugeschnittene Mengenwerbung.

4.2.3.3 Der Präventiv-Sport: Anspruchsgruppen und ihre Motive

Im Gegensatz zum Reha-Sport ist die Motivlage für die Teilnehmer an Präventiv-Sportprogrammen eine andere. Diese Anspruchsgruppen können im Prinzip über alle drei Hauptmotive erreicht werden: Spaß und Spiel (Hauptmotiv Erregung), Geselligkeit (Hauptmotiv Sicherheit) und Steigerung der körperlichen Leistungsfähigkeit (Hauptmotiv Autonomie).

Beim Präventivsport geht es vor allem darum, mit Hilfe sportlicher Aktivität einer Erkrankung vorzubeugen. Das Motto lautet hier also: gesund bleiben - ein erfahrungsgemäß schwaches Motiv, um die Anspruchsgruppen zu erreichen. Außerdem steht der Sportverein mit seinem Präventivsportangebot oftmals in großer Konkurrenz zu anderen gesundheitssportlichen Optionen, z.B. durch Angebote anderer Vereine oder kommerzieller Anbieter oder durch den nichtinstitutionalisierten Sport. Diese Situation führt zu der Frage, welche identifizierten Anspruchsgruppen über welches Hauptmotiv wirkungsvoll angesprochen werden können.

Bischof geht in seinem Zürcher Modell davon aus, dass sich die Motive in Abhängigkeit vom Lebensalter ändern. So ist das Motiv Sicherheit vor allem bei Kindern und älteren Menschen ausgeprägter als bei Jugendlichen, bei letzteren dominiert das Autonomiemotiv. Demnach können erlebnisorientierte Jugendliche wahrscheinlich eher über das Leistungsmotiv wie „Steigerung der sportlichen Leistungsfähigkeit" erreicht werden als ältere Anspruchsgruppen, die mehr Wert auf Geselligkeit oder Spaß und Spiel legen. Hier ist der Verein gefordert, vorab genaue Analysen, z.B. mittels Befragungen durchzuführen, um die exakten Motive der jeweils identifizierten Anspruchsgruppen zu ermitteln und anschließend seine Kommunikationsbotschaft darauf auszurichten.

Mit Blick auf die Segmentierung der Anspruchsgruppen nach Motiven spielt für den Präventivsport das Hauptmotiv Sicherheit, verstanden als Fürsorge für andere, eine besondere Rolle. Gerade im Bereich des Präventivsports finden sich verschiedene Settings, in denen Anspruchsgruppen eine Fürsorgepflicht gegenüber anderen Menschen haben.

Diese Anspruchsgruppen beziehen sich z.B. auf Eltern, Lehrer, Erzieher, Jugendämter usw. für den Kinder- und Jugendsport, Arbeitgeber für den Betriebssport, Betreiber von Senioren- und Pflegeeinrichtungen für den Seniorensport sowie Ärzte und Heilpraktiker, die eine Fürsorgepflicht gegenüber ihren Patienten im Allgemeinen haben.

Genau genommen handelt es sich hier um Kontaktgruppen, die nicht selbst für den Präventivsport gewonnen werden sollen, sondern es geht vielmehr um ihre Schutzbefohlenen, die die eigentliche Anspruchsgruppe bildet. Trotzdem muss sich die Vereinskommunikation auch an die Kontaktgruppen richten, da die eigentliche Anspruchsgruppe in einem unterschiedlich stark ausgeprägten Abhängigkeitsverhältnis zur Kontaktgruppe steht.

Die jeweiligen Einzelmotive der Kontaktgruppen können sehr unterschiedlich sein. Geschäftsleiter haben im Zusammenhang mit dem Gesundheitssport für ihre Mitarbeiter sicherlich andere Motive im Blick als die Leiter von Seniorenheimen oder von Erziehungs- und Jugendeinrichtungen. Auch hier muss der Verein im Einzelfall genau untersuchen, welche Motive vorliegen und bedient werden können, um dann die Kommunikationsbotschaft gezielt darauf auszurichten. Hier bieten sich ebenfalls strategische Kooperationen zwischen Verein und Kontaktgruppe an. In der Praxis konzentrieren sich die Sportvereine hier vor allem auf Kooperationen mit Kindergärten und Schulen – ein Ansatz, der mit Blick auf andere Settings noch ausbaufähig ist.[94]

---

[94] Vgl. Sportentwicklungsbericht 2009/10, Kooperationen mit Schulen: 27%, mit Kindergärten: 20%, mit Krankenkassen: 6,6%, mit Betrieben: 5,7%, mit Gesundheitsämtern: 0,4%.

4.2.4. Die Kommunikationsbotschaft[95]

Die Kommunikationsbotschaft oder Message widmet sich der Fragestellung: „Was und wie wird vom Verein kommuniziert?" Sie umfasst einen einfach formulierten Slogan, den der Verein der identifizierten Anspruchsgruppe in der Mediawerbung vermitteln will.
Die Kommunikationsbotschaft leitet sich aus dem Kommunikationsziel und der Kommunikationsstrategie ab und ist eine Übersetzung der Botschaft in die Werbesprache. Das „wie" bezieht sich auf die Art und Weise, den Stil und das gewünschte Erscheinungsbild der Kommunikation. Diese Überlegungen sind eng verbunden mit den Ausführungen zur Corporate Identity (siehe Kapitel 3.4) und zur integrierten Kommunikation (siehe Kapitel 3.10).

Mit Blick auf den Reha- und Präventivsport sollte für jede segmentierte Anspruchsgruppe eine Werbebotschaft gezielt entwickelt werden, da diese Gruppen oftmals unterschiedliche Motive für den Gesundheitssport besitzen. Allgemeine und unspezifische Werbebotschaften laufen hier Gefahr, im Zuge der täglich auf die Konsumenten einwirkenden Informationsflut zu verpuffen.

4.2.5 Die Gestaltungsart[96]

Eine weitere wichtige Komponente im Zusammenhang mit Werbemaßnahmen ist die Gestaltungsart, die sich darauf bezieht, mit welcher Tonalität der Verein gegenüber den Anspruchsgruppen kommunizieren will.

Hier stehen grundsätzlich vier Gestaltungsarten zur Verfügung: Die emotionale Werbung (z.B. bei Anti-AIDS- und Raucherkampagnen), die informative Werbung (die eher sachliche Informationen vermittelt), die emotionale und informative Werbung (die vornehmlich von Umweltschutz- und Hilfsorganisationen eingesetzt wird) sowie die aktualisierende Gestaltung der Werbung (z.B. bei Verkehrskampagnen vor Schulbeginn).

Für den Gesundheitssport bietet sich vor allem die emotional-informative Gestaltung der Werbekampagne an, die sowohl über die medizinischen Vorteile des Gesundheitssports informiert als auch die emotionale Komponente der Geselligkeit und Gemeinschaft im Rahmen des Vereinslebens betont.

4.2.6 Slogan oder Claim?

Slogans werden hauptsächlich in der Politik, Werbung oder in der Markenkommunikation verwendet. Der Slogan soll in kompakter Form eine Aussage vermitteln und das Publikum schlagartig beeinflussen. In Deutschland wird der Begriff Claim oft synonym verwendet.

---

[95] Weyand (2006) für VIBSS-Online.
[96] Bruhn (2005), S. 396.

Genau genommen versteht man unter Claim aber eher den allgemeinen strategischen Kerngedanken einer Marke und nicht die Umsetzung als Werbeaussage. Slogans sind die Essenz der Markenstrategie und häufig das Element, das dem Verbraucher von einer Kampagne am längsten im Gedächtnis bleibt.[97] Aus diesem Grund ist zu überlegen, ob der Verein für sich einen Claim als Teil seiner CI oder einen Slogan für sein Gesundheitsprogramm entwickelt, um die jeweilige Werbebotschaft mit wenigen Worten zu verdichten.

Ein guter Claim positioniert den Verein durch Abgrenzung gegenüber der Konkurrenz und verankert den Verein als Marke dauerhaft im Bewusstsein der Anspruchsgruppe. Im Idealfall sorgt er dafür, dass die Botschaft in zahlreichen Alltagssituationen immer wieder gerne zitiert wird.
Bei der Verwendung englischsprachiger Claims und Slogans ist Vorsicht geboten. Es besteht die Gefahr, dass sie vom deutschsprachigen Konsumenten nicht in dem Sinne verstanden werden wie ursprünglich beabsichtigt. Claims und Slogans entfalten ihre emotionale Kraft in erster Linie in der Muttersprache der Konsumenten.

Ein erfolgreicher Slogan soll gewöhnlich mehrere der folgenden Richtlinien folgen[98]: die Betonung von Vorteilen des Produkts bzw. der Dienstleistung, die Formulierung eines Unterschieds zur Konkurrenz, einfache, direkte, prägnante und treffende Aussage sowie Humor und persönliche Ansprache und Herausstellung einer Besonderheit sowie Vermittlung von Glaubwürdigkeit, positiven Gefühlen und von Wünschen.

Ein wirksamer Slogan verankert sich besonders dann im Gedächtnis der Konsumenten, wenn klangliche oder stilistische Mittel eingesetzt werden. Hierzu zählen Instrumente der klassischen Rhetorik oder Dichtkunst wie: Alliteration (Stabreim), Assonanz, Endreim, Dreiklang (drei Wörter, die sich besonders gut einprägen), rhetorische Figuren wie Neologismen („Unkaputtbar"), Wort- oder Sinnspiele, Metaphern, Ellipsen („Heute ein König), Paradoxien („weniger ist mehr") usw. Darüber hinaus empfiehlt sich der Einsatz von kombinierten optischen und akustischen Reizen wie Bilder (Logo) und audiovisuelle Sequenzen (Fünftonklang der Deutschen Telekom).

4.2.7 Mediaplanung

Auch die Mediaplanung richtet sich nach den identifizierten Anspruchsgruppen. Sie umfasst die Festlegung der Werbeträger, die im Rahmen einer Werbekampagne zum Einsatz kommen sollen. Armin Klein empfiehlt die sorgfältige und differenzierte Auswahl der Medien, da der Medieneinsatz meist die teuerste Aktion innerhalb des Marketingprozesses ist:

> „Die Festlegung hängt ganz entscheidend von den anzusprechenden Anspruchsgruppen ab: Lesen diese Zeitungen und Zeitschriften und/oder Stadtmagazine, Anzeigenblätter usw., hören diese Radio und sehen Fernsehen, sind sie aktive Internetnutzer, achten sie auf

---

[97] Vgl. www.slogans.de.
[98] Ebd.

Plakate und Poster, informieren sie sich über Handzettel und Flyer? Wenn auf die meisten diese Frage mit nein geantwortet wird, ist es wenig sinnvoll, hierfür Geld auszugeben. Sehr viel sinnvoller als diese oftmals planlose (aber dafür umso teuere) Aktivismus ist eine möglichst genaue Erfassung der Informationsgewohnheiten der tatsächlichen und potentiellen Besucher. Hierfür bieten sich eigene Befragungen, aber auch der Rückgriff auf allgemein zugängliche Daten an (...).[99]

Bei den allgemein zugänglichen Daten handelt es sich vor allem um Statistiken diverser Forschungseinrichtungen, des statistischen Bundesamtes oder der Medienanstalten selbst, die die Informationsgewohnheiten der Bevölkerung in Deutschland nach verschiedenen Kriterien wie Alter, Bildungsgrad usw. erfassen. Nachstehend sind einige dieser Statistiken über die Nutzungsgewohnheiten mit Blick auf die Medien Zeitungen (gesamt) und Internet beispielhaft aufgeführt.

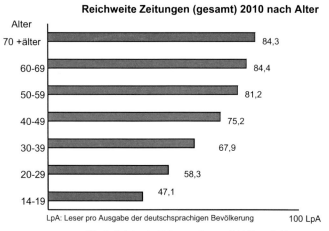

Abb. 2: Reichweite Zeitungen (gesamt) 2010 nach Alter

Anhand der obigen Grafik[100] wird deutlich, dass die jüngeren Bevölkerungsgruppen immer weniger über das Medium Zeitung erreicht werden können, d.h. je jünger die Anspruchsgruppe desto unpopulärer die Zeitung. Während im Alter von über 70 Jahren noch 84 Leser (bezogen auf 100 Leser pro Ausgabe) über die Zeitung erreicht werden, nehmen in der Gruppe der 14-19jährigen nur noch 47,1 Leser täglich eine Zeitung in die Hand. Für die Mediaplanung bedeutet diese Feststellung, dass über Zeitungen (mittels Anzeigen oder redaktioneller Beiträge) in erster Linie ältere Anspruchsgruppen erreicht werden können. Eine gegenläufige Entwicklung ist bei der Internetnutzung festzustellen.

---

[99] Vgl. Klein (2001), S. 421-452.
[100] Quelle: Media-Analyse 2010 Pressemedien.

Internetnutzung in Deutschland im Zeitraffer[101]

Nutzer	1997	2000	2003	2006	2009	Kommentar
gesamt	6,5	28,6	53,5	59,5	67,1	nur noch 1/3 ohne
männlich	10,0	36,6	62,6	67,3	74,5	
weiblich	3,3	21,3	45,2	52,4	60,1	Die Frauen holen stetig auf!
14-19 Jahre	6,3	48,5	92,1	97,3	97,5	Schüler können nicht ohne!
20-29 Jahre	13,0	54,6	81,9	87,3	95,2	Sind mit dem Internet groß geworden
berufstätig	9,1	38,4	69,6	74,0	82,3	
nicht berustätig, Rentner	0,5	6,8	21,3	28,3	34,7	Quote stetig steigend!

Tab. 2: Internetnutzung in Deutschland im Zeitraffer in %

Innerhalb von zwölf Jahren ist das Internet zu einem selbstverständlichen Medium geworden. Begünstigt wird dies durch immer preisgünstigere und leistungsfähigere Hardware und sinkende Internetkosten, aber auch durch die Möglichkeit des allgegenwärtigen Internetzugangs über die Mobilfunknetze. Im Jahre 2009 waren fast 67% der Erwachsenen online. In der Gruppe der 50-60jährigen waren es 70%. Bei den über 60jährigen verfügte hingegen nur gut ein Drittel über einen Internetzugang. Das Verhältnis Männer/Frauen unter den Internetnutzern betrug damals etwa 75/60. Angesichts der rasanten Entwicklung der im Internet abrufbaren Dienste, kann davon ausgegangen werden, dass sich diese Tendenz mittlerweile weiter zugunsten der Internetnutzung verschoben hat.

Ausgewählte Internetaktivitäten nach Altersgruppen 2007 in %[102]

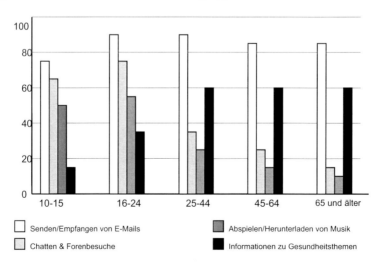

Abb. 3: Internetaktivitäten nach Altersgruppen 2007 in %

---

[101] Quelle: www.ard-zdf-onlinestudie.de
[102] Statistisches Bundesamt, „Private Haushalte in der Informationsgesellschaft" (2010).

Das Internet bietet eine Vielzahl von Informationsseiten rund um das Thema Gesundheit. Die Mehrheit der Nutzer sucht dabei nach Informationen über Gesundheitstipps, Krankheiten oder über allgemeine Ernährungsempfehlungen. Anhand der obigen Statistik wird deutlich, dass das Internet generell häufig zum Abrufen von Gesundheitsinformationen genutzt wird.

Die Gruppe der 10-15jährigen nutzt das Internet dabei in erster Linie für E-Mails, musikalische Zwecke sowie für den Forenbesuch, das Abrufen von Gesundheitsinformationen spielt hier mit ca. 18% noch eine untergeordnete Rolle. In der Gruppe der 16-24jährigen verdoppelt sich die Internetnutzungsrate im Zusammenhang mit Gesundheitsthemen bereits auf beinahe 36%. Die Internetaktivität bezogen auf Gesundheitsthemen steigt in den Altersgruppen 25-44, 45-64 Jahre sowie 65 Jahre und älter dann nochmals stark an und verharrt dann auf einem konstanten Wert von 60%. Dies ist ein eindeutiges Indiz dafür, dass das Online-Marketing für den Verein und sein Gesundheitssportprogramm unerlässlich ist, da das Internet als wesentliche Informationsquelle rund um das Thema Gesundheit von allen Altersgruppen konsultiert wird.

Darüber hinaus gibt es einen Zusammenhang zwischen dem schulischen Bildungshintergrund und der Nutzung des Internets für Gesundheitsthemen. Während sich Nutzende mit Abitur oder Fachhochschulreife nicht wesentlich von Personen mit Realschulabschluss unterscheiden (41% bzw. 38% dieser Gruppen informierten sich über Gesundheit), informierten sich bei den Hauptschulabsolventen nur 29% über Gesundheitsthemen im Internet. In den neuen Bundesländern ist die Suche nach Gesundheitsinformationen bei den Internetnutzern zudem weniger verbreitet als in Westdeutschland.[103]

Für die Mediaplanung sind solche Statistiken zu berücksichtigen. Dabei ist auch die Frage zu beantworten, wie die identifizierten Anspruchsgruppen ohne Internet-Zugang erreicht werden können.

4.3 Implementierung: Was können wir unternehmen?

In der Implementierungsphase werden die Anspruchsgruppen mit der Werbebotschaft konfrontiert. Dazu steht das zuvor beschriebene Kommunikationsinstrumentarium zur Verfügung. Nachstehend werden einige Beispiele für konkrete Kommunikationsmaßnahmen ausführlich und anschaulich vorgestellt.

4.3.1 Strukturelle Verankerung der PR- und Öffentlichkeitsarbeit

Spätestens in der Implementierungsphase der Kommunikationspolitik stellt sich die Frage nach den konkreten personellen Ressourcen. In den meisten Sportvereinen ist der Pressewart/-referent bzw. die Abteilung für Presse- und Öffentlichkeitsarbeit für die Planung und Umsetzung der Kommunikationspolitik zuständig. Dabei ist zunächst zu untersuchen, wie die Presse- und Öffentlich-

---

[103] Vgl. statistisches Bundesamt, Informationstechnologie in privaten Haushalten 2003.

keitsarbeit in die Vereinsstruktur zweckmäßig eingebunden werden kann.[104] Die organisatorische Einbindung der Presse- und Öffentlichkeitsarbeit hängt dabei auch von der Größe und der Gesamtstruktur des Vereins ab. Grundsätzlich stehen drei Eingliederungsmöglichkeiten zur Verfügung:

Linienfunktion: Hier gehört die Presse- und Öffentlichkeitsarbeit zum Aufgabenreich einer anderen Vereinsabteilung, z.B. der Marketingabteilung. Sie ist damit abhängig von den Entscheidungen dieser Abteilung. Die Vorteile sind: gute Übersichtlichkeit, kein oder geringer zusätzlicher Personalbedarf, einfache Handhabung. Nachteile sind: Bedeutungsverlust, keine klare Zuständigkeiten, verzögerte Reaktionszeit der Press- und Öffentlichkeitsarbeit.

Stabsfunktion: In dieser Organisationsstruktur tritt die Presse- und Öffentlichkeitsarbeit aus der Vereinshierarchie hervor und als Dienstleister und Berater neben dem Vorstand auf. Die Vorteile sind: bessere Wahrnehmung der Kommunikationspolitik innerhalb des Vereins, verbesserter Kommunikations- und Informationsaustausch zum Vorstand. Nachteile sind: keine selbständige Entscheidungen durch die Presse- und Öffentlichkeitsabteilung möglich, eingeschränkter Aktionsradius und ggf. verzögerte Reaktionszeit der Abteilung.

Führungsfunktion: Die Presse- und Öffentlichkeitsarbeit ist dabei auf der Vorstandsebene angesiedelt und ist damit an Entscheidungsprozessen beteiligt. Die Vorteile sind: der Bereich Presse- und Öffentlichkeitsarbeit erhält Entscheidungsbefugnis und eine Bedeutung, die auch von außen wahrgenommen wird, Themen können zeitnah bearbeitet und entschieden werden Nachteile sind: Mehrarbeit für den Vorstand bzw. zusätzlicher Personalbedarf.

Schließlich ist zu überlegen, welche haupt- und ehrenamtlichen Mitarbeiter zur Verfügung stehen bzw. aufgrund ihrer Qualifikation in der Lage sind, die geplanten Kommunikationsmaßnahmen umzusetzen.

4.3.2 Beispiele für Kommunikationsmaßnahmen

Bei der Durchführung von Kommunikationsmaßnahmen ist eine Veränderung des Instrumenteeinsatzes zu beobachten. Neue Informations- und Kommunikationstechnologien wie das Internet und Mobiltelefone eröffnen dem Verein neue Wege, um mit den Teilnehmern auf den Absatz- und Beschaffungsmärkten zu interagieren. Hier kommt vor allem dem Mobiltelefon mit Blick auf die individuelle Ansprache von Leistungsempfängern eine steigende Bedeutung zu. Mobiltelefone werden in zunehmendem Maße multimediafähig und bieten damit eine Reihe weiterer zeitnaher Informations- und Interaktionsmöglichkeiten.

In Bezug auf die Kommunikationspolitik wird vor allem die Dialogkommunikation bei zentralen Anspruchsgruppen an Bedeutung gewinnen, da mit Hilfe der modernen Informationstechnologie auf das Informations- und Interaktionsbedürfnis einzelner Personen individuell eingegangen werden kann. Dies ist wiederum mit

---

[104] Weyand (2008) für VIBSS-Online.

neuen Herausforderungen für den Sportverein verbunden, da eine interaktive Kommunikation weniger planbar ist als der Einsatz von Massenkommunikationsinstrumenten.[105]

4.3.2.1 Die Vereins-Website

Die Vereins-Website, d.h. der Vereinsauftritt im Internet, gilt als zeitgemäßes Kommunikationsmedium, das für ein wirkungsvolles Online-Marketing unverzichtbar geworden ist. Das Internet als PR-Instrument erfüllt für die Vereine drei wichtige Funktionen: Es ist Präsentations-, Kommunikations- und Distributionsplattform zugleich und zeichnet sich aus durch seine

Multimedialität: Neben Sprache können bewegte Bilder und Ton übertragen werden.
Interaktivität: Der Dialog zwischen Anbieter und Nachfrager ist möglich.
Permanenz: Der Internet-Zugang rund um die Uhr ist möglich.
Globalisierung: Die Website erlaubt einen raumlosen und globalen Zugriff[106].

Freyer[107] unterteilt den Internetauftritt des Vereins in die drei Phasen Bearbeitung, Beschaffung und Nachbetreuung.

Die Bearbeitungsphase umfasst den Inhalt, Aufbau und die Gestaltung der Vereinshomepage. Hierzu gehört im Einzelnen das Content-Management, d.h. die Gestaltung und der Inhalt der einzelnen Seiten, die Benutzerführung und das Web-Design. Für die professionelle Gestaltung einer anspruchsvollen Website müssen die folgenden Aspekte berücksichtigt werden: Grafikdesign, Inhalt, Dialogorientierung, Ergonomie, Anspruchsgruppenorientierung, Personalisierung und schließlich muss das Vereins-CD konsequent Anwendung finden. Bezogen auf die inhaltlichen Qualitätsmerkmale muss die Vereins-Website folgende Kriterien erfüllen[108]: Informationsmehrwert, Unterhaltungsmehrwert, Aktualität, Service und Interaktion.

Dabei dient die Vereins-Website auch den Journalisten als Rechercheinstrument für aktuelle Informationen, Hintergrunddaten, Archiv- und Bildmaterial. Daher ist es für den Sportverein unbedingt erforderlich, die Website vor allem mit Blick auf die eigene Pressearbeit einzurichten und zu pflegen. Unter dem Link *Presse* oder *Medien* auf der Startseite sollten folgende Funktionalitäten berücksichtigt werden:[109] anmeldefreier Zugang, Pressemitteilungen chronologisch geordnet mit Leadtext, Datum, direkt les- und druckbar sowie herunterladbar, einschließlich einer Suchfunktion nur für Pressetexte, Pressemitteilungen und Newsletter abonnierbar, wahlweise per Mail oder RSS-Feed, Pressefotos in der Übersicht als Thumbnails und herunterladbar (300 dpi) mit

---

[105] Bruhn (2005) S. 512.
[106] Freyer (2011), S. 464.
[107] Freyer (2011) S. 606.
[108] Xxxx VIBSS-Online.
[109] Rager/Weber (2010), S. 103.

IPTC-Header, elektronische Pressemappe mit Vereins- und Team-Porträts sowie den wichtigsten Kurzinfos.

Die Website sollte ferner anbieten: einen Terminkalender (mit Vereinsfesten, Veranstaltungen, Messeauftritten) sowie die Rubrik Pressekontakt des Vereins mit Namen, Funktion, Postanschrift, Telefon (auch mobil), Mail, Foto, Anfahrtsskizze zum Verein.
Die Website ist zudem ein klassisches Werbemittel, wobei Banner, Buttons, Layers und Pop-ups als Werbeflächen an die Affiliates (Partner) im Rahmen eines Affiliate-Marketing vermietet werden können. Darüber hinaus sollte die Website alle aktuellen Sport- und Qualitätssiegel bereits auf der Startseite zeigen. Links zu Brancheninformationen, wie Sponsoren, Kooperationspartner, Ärzten usw., eine Funktion zum Dialogaufbau, z.B. per E-Mail, ggf. vorhandene Vereinskodizes sowie eine Übersicht über das angebotene Sportprogramm dürfen nicht fehlen.

Angesichts der beschriebenen Immaterialitätsproblematik der Vereinsleistungen sollte im Zeitalter von YouTube überlegt werden, das Kursangebot mittels kurzer Filmsequenzen von maximal 3 Minuten vorzustellen, denn Bilder werden vom Betrachter schneller und eindeutiger rezipiert als Texte. Dies kann beispielsweise die Darstellung der Räumlichkeiten (Kursraum, Hallenbad oder sonstige Sportanlagen), der Qualifikation der Kursleiter oder der sporttherapeutischen Schwerpunkte der Sportkurse sowie Informationen über ggf. vorhandener Zusatzleistungen (Abholservice, Kinderbetreuung, Gesundheits-Check usw.) umfassen. Es bietet sich dabei an, eine kurze Filmsequenz einer typischen Trainingssituation mit Trainer und Leistungsempfänger darzustellen. Schließlich sollte auch der Erfolg der Sportmaßnahme z.B. durch Testimonials der Kursteilnehmer im Film erwähnt werden. Zum Zwecke der professionellen Wirkung sollten die Filmsequenzen von Fachleuten produziert werden, die es verstehen, die wichtigsten Aspekte des Kursangebots kurz und attraktiv darzustellen. Auf diese Weise kann sich jeder Website-Besucher schnell einen anschaulichen Überblick über die jeweiligen Leistungen des Sportvereins verschaffen.

Auf der Beschaffungsseite ist ein Website-Promoting sicherzustellen[110], um die Vereins-Website bekannt zu machen. Die wichtigsten Online-Instrumente umfassen:

1. Die Bestimmung von Homepage, Domain, URL sowie (Hyper-)Links. Eine der ersten und wichtigsten Aufgabe ist die Festlegung der Zugangsdaten, d.h. der Domain, der Netzdienste sowie von Server und Browser, über die der Internetzugang erfolgen soll. Es müssen Suchmaschinen, Keywords, Hyperlinks bestimmt und Internetprotokolle, Benutzername und Passwörter festgelegt werden.

2. Als wichtigstes Beschaffungsinstrument gilt das Suchmaschinen-Marketing, mit dem sichergestellt werden soll, dass der Benutzer den Sportverein über

---

[110] Freyer (2011), S. 606-608.

die bekannten Suchmaschinen wie Google und Yahoo schnell, d.h. möglichst auf der ersten Seite, findet. Hiefür wird die Schlüsselwort-Werbung (Keyword Advertising) einsetzt, um ein hohes Ranking der Schlüsselwörter innerhalb der Suchmaschinen zu erreichen.

Darüber hinaus sollte der Interauftritt mit einem Offline-Marketing unterstützt werden, um auf die Vereins-Website aufmerksam zu machen. Fischel[111] nennt hier eine Reihe von flankierenden Maßnahmen und Werbeträgern, die im Rahmen eines Crossmedia-Marketing angewendet bzw. eingesetzt werden sollten. Hierzu gehören Stadionwerbung, Vereinszeitschrift, Vereinsfahne, Fanartikel, Werbeartikel, Werbung auf Produkten des Sponsors, vom Verein produzierte Printmedien, Pressemitteilungen, Anzeigen, Geschäftsausstattung wie Visitenkarten, Briefpapier und die Einbindung der URL in jede E-Mail vom Vereinsserver. Im Mittelpunkt der Beschaffungsaktivitäten steht dabei immer die Nennung der Webadresse (URL).

Die Nachbetreuung bezieht sich vor allem auf die Dialogkommunikation mit den Website-Besuchern, d.h. mit den Mitgliedern, Interessenten, Pressevertretern, Sponsoren usw. Wichtigstes Ziel der Nachbetreuung ist die Kundenbindung. Als Kommunikationsmedien dienen neben E-Mail in zunehmendem Maße auch die sozialen Plattformen wie Facebook, Studi-VZ und Twitter.

In der Praxis ist oftmals zu beobachten, dass die Vereins-Website mittlerweile die Funktion der Vereinszeitschrift übernommen hat und sich in erster Linie mit aktuellen Berichten aus dem Vereinsleben an die Vereinsmitglieder wendet. Für Nichtmitglieder sind diese Vereins-Websites meistens uninteressant, da sie zu viele vereinsinterne Informationen enthalten. An dieser Stelle muss sich der Verein darüber im Klaren sein, für welche Anspruchsgruppe seine Vereins-Website konzipiert ist.

Als möglicher Ausweg aus diesem Dilemma bieten sich Microsites an, die zwar wenige Unterseiten und eine geringere Navigationstiefe aufweisen, die aber schnell, direkt und umfassend nur über das jeweilige Gesundheitssportprogramm des Vereins informieren. Wichtige Merkmale dieser Microsites sind: Die URL-Adresse hat einen Bezug zum Gesundheitssport und/oder zum Sportverein, die konsequente Anwendung des Vereins-CD und ein Link zur Vereins-Website. Auf diese Weise kann der Sportverein sowohl mit seinen internen als auch mit seinen externen Anspruchsgruppen zielgenau kommunizieren.

4.3.2.2 Virales Marketing[112]

Virales Marketing basiert auf dem Grundprinzip der Mund-zu-Mund-Propaganda. Es geht darum, dass Informationen mittels digitaler Medien wie Internet und Mobiltelefon möglichst viele Menschen effizient und schnell wie ein Virus erreichen. Deshalb sollte der Verein im Zuge der fortschreitenden Nutzung und Beliebtheit digitaler Medien seinen Blick auch auf soziale Netzwerke

---

[111] Fischel (2005), S. 131 ff.
[112] Schröter (2010) für VIBSS-Online.

im Internet wie YouTube, Facebook, StudiVZ, Twitter, Linkedin usw. richten, die in Sekundenschnelle ein großes news-freudiges Publikum erreichen.

Den Virus-Effekt erreicht man durch die Verbreitung interessanter Botschaften (s.o. Erregungsmotiv). Dies kann eine Verlosung von Eintrittskarten sein, ein gut gemachter Videofilm, eine besondere Einladung oder Nachricht über Vereinsprominenz. Weckt die Botschaft das Interesse der Empfänger, leiten diese die Vereinsbotschaft in Form einer Empfehlung an den Freundeskreis weiter. Bei den Empfehlungen handelt es sich in der Regel um Gelegenheitsempfehlungen, die sich sehr kurzfristig, oft situationsabhängig ergeben. Die Empfehlungen können sowohl unspezifisch, z.B. allgemeine Tipps, als auch spezifisch sein, wie Hinweise auf eine interessante Internetseite, ein besonderes Vereinsangebot oder ein originelles Video.

Die Einflussmöglichkeiten des Vereins auf die Zahl und Art der Empfehlungen ist relativ gering. Eine große Bedeutung kommt dem Inhalt der Botschaft zu, der sowohl für den Sender als auch für den Empfänger emotional ansprechend sein muss. Als Kommunikationskanäle von viralen Botschaften kommen verschiedene Wege in Frage: E-Mails, Blogs, Microbloggingdienst Twitter, soziale Netzwerke wie z.B. Facebook, Studi-VZ oder MySpace, Online-Foren, Chat-Rooms, Webseiten, SMS/MMS sowie Internet-Videoportale wie YouTube usw.
Die Nutzer sozialer Netzwerke können auf den Profilen „ihrer" Vereine außerdem kurze Nachrichten hinterlassen und sich als Freunde des Sportvereins registrieren. Für den Sportverein entstehen dadurch neue Möglichkeiten, um bestehende und potenzielle Mitglieder und Kunden zu erreichen oder deren Bindung an den Verein zu erhöhen. So verlosen beispielsweise Fußballvereine kostenlose VIP-Tickets für ihre Heimspiele[113]. Mit jeder Verlosung steigt die Anzahl der registrierten Freunde in Studi-VZ.

Der reine Investitionsaufwand für das virale Marketing an sich ist oftmals relativ gering, der Zeitaufwand und damit Personalaufwand für die Pflege und das Monitoring der sozialen Kontakte kann hingegen sehr hoch sein. Die Tatsache, dass die genannten Medien 24 Stunden täglich und weltweit nutzbar sind, erfordert in der Praxis einen Online-Modus rund um die Uhr. Für die personelle Unterstützung zur Durchführung viraler Marketingmaßnahmen eignen sich deshalb vor allem Ehrenamtliche, die dem Verein ihre Freizeit in Form von Zeitspenden zur Verfügung stellen. Trotz der steigenden Beliebtheit digitaler Medien darf nicht vergessen werden, dass ein Großteil der Anspruchsgruppen, allen voran ältere Menschen, über die digitale Medienwelt überhaupt nicht oder eingeschränkt erreichbar ist.

---

[113] Z.B. SV Preußen Münster über Studi-VZ.

4.3.2.3 Guerilla-Marketing für Sturzprophylaxe

Guerilla-Marketing bezeichnet die Wahl ungewöhnlicher Aktionen im Marketing, die mit untypisch geringem Mitteleinsatz eine große Wirkung erzielen können. Für Sportvereine mit oftmals knappen Werbebudgets bietet sich das Guerilla-Marketing als eine ideale Werbeform im öffentlichen Raum an. Der Preis dafür ist oftmals lediglich ein verhältnismäßig geringes Bußgeld[114], sofern die Guerilla-Marketingmaßnahme in einer rechtlichen Grauzone stattfindet, das in keinem Verhältnis zur Werbewirkung steht.

Guerilla-Marketing ist frech, originell, kreativ, kostengünstig und nutzt einen gewissen Überraschungseffekt, letztlich zielt diese Werbeform auf die kreative Umsetzung der Werbebotschaft.[115] Die Kampagne darf zwar unkonventionell sein, sie muss jedoch eine moralische und rechtliche Balance halten.

Beispielhaftes Guerilla-Marketing

Abb. 4: Beispielhaftes Guerilla-Marketing für die Sturzprophylaxe[116]

---

[114] Infolge eines Verstoßes gegen kommunale Satzungen gemäß dem Ordnungswidrigkeitengesetz.
[115] Vgl. Patalas (2006), Kap. 3.
[116] Fotos: Martina Pauly.

Die obigen Beispiele zeigen mögliche Guerilla-Marketingmaßnahmen in Form von Streetbranding als Teil einer Werbekampagne für die Sturzprophylaxe, mit der das zuvor beschriebene Sicherheitsmotiv angesprochen werden soll. Die Kampagne besteht darin, verschiedene potenzielle Stolperkanten im öffentlichen Raum wie an Bordsteinkanten, Stufen und Treppen mit www.stopp-stolpern.de zu kennzeichnen. Dazu bieten sich vor allem Bushaltestellen, Stufen und Treppen im Zentrum der Stadt an, die vor Fußgängern häufig frequentiert werden. Ziel dieser Kampagne ist es zunächst, Aufmerksamkeit zu wecken, und zwar sowohl auf Seiten der Medien als auch bei der identifizierten Anspruchsgruppe (hier: ältere Fußgänger).

Die Kampagne wird offensiv im öffentlichen Raum platziert, um von den lokalen Medien, wie der lokalen Presse und dem lokalen Hörfunk innerhalb kurzer Zeit wahrgenommen zu werden. Intendiert wird eine möglichst breite mediale Berichterstattung über die Marketingmaßnahme, um so das Sportprogramm und damit auch den Verein bekannt zu machen. Idealerweise ist das Guerilla-Marketing in eine größere Kampagne im Sinne einer integrierten Kommunikation eingebettet. Im konkreten Fall ist zunächst die genannte Microsite www.stopp-stolpern.de zu erstellen (siehe Kapitel 4.3.2.1), die alle notwenigen Informationen zu dem beworbenen Sportprogramm bereitstellt. Das hier genannte Kampagnenbeispiel besteht aus zwei Kernelementen: Zunächst wird die Sturzprophylaxe thematisiert und zugleich wird eine eingängige URL-Adresse angegeben, die das Thema aufgreift. Die URL-Adresse ist zugleich als Aufforderung zu verstehen, um die Microsite im Internet aufzurufen und sich dort entsprechend zu informieren. Ein weiteres Kommunikationsziel muss demnach sein, interessierte Webnutzer möglichst direkt auf die jeweils richtige Website zu dirigieren. Im Idealfall erzielt das Guerilla-Marketing mit minimalem Einsatz die maximale Werbewirkung.

4.4 Kontrolle: Sind wir angekommen?

Um den Erfolg und die Zielerreichung von Kampagnen und Aktionen feststellen zu können, ist in der Abschlussphase eines jeden Prozesses eine Überprüfung der durchgeführten Maßnahmen vorzusehen. Idealerweise wird bereits bei der Festlegung von Zielen bestimmt, auf welche Weise deren Erreichung gemessen werden kann. Nachstehend werden die üblichen Kontroll- und Controlling-Verfahren erläutert.

4.4.1 Kommunikationswirksamkeitskontrolle

Im Rahmen der gesamten Mediawerbung muss der Verein einen Zeitpunkt festlegen, wann eine Überprüfung der durchgeführten Werbeaktionen erfolgen soll, um den Erfolg der Kommunikationspolitik zu messen. Diese Wirksamkeitskontrolle kann sowohl während als auch nach Abschluss der Kampagne erfolgen.

Angeraten wird eine Kontrolle während der Kampagne, um eventuelle Korrekturen im Verlauf einer unwirksamen Kampagne durchzuführen. Den Erfolg einiger

Werbemaßnahmen kann der Verein beispielsweise direkt an Zahlen festmachen, z.B. durch steigende oder stagnierende Mitglieder-/Kundenzahlen oder durch steigende/sinkende Kosten. Andere Maßnahmen sind nur bedingt messbar, z.b. wenn das Ziel die Imageverbesserung des Vereins ist. In diesen Fällen muss der Sportverein auf andere Kontrollmethoden wie die bereits erwähnte Mitglieder-/Kundenbefragung zurückgreifen.

Es ist zudem einzuplanen, dass jede Kommunikationswirksamkeitskontrolle Kosten verursacht und zeitaufwändig ist. Trotzdem ist eine Kontrolle der Werbewirksamkeit unverzichtbar, da sie gerade mit Blick knappe Werbebudgets den effizienten und effektiven Einsatz von Werbemitteln erlaubt. Eine kontinuierliche Überprüfung stellt überdies sicher, dass mit der aktuellen Kampagne die festgelegten Werbeziele tatsächlich erreicht werden, da unwirksame Maßnahmen früh festgestellt und zeitnah korrigiert werden können. Schließlich ist eine ständige Kontrolle des Werbebudgets angeraten, um die Kosten im Griff zu behalten.

Jede Kommunikationswirksamkeitskontrolle sollte dabei auch folgende Fragestellungen berücksichtigen: Wurde das Leitbild des Vereins konsequent in der Öffentlichkeitsarbeit umgesetzt? Wurden die festgesteckten Kommunikationsziele im Sinne der vereinseigenen Marketingstrategie verfolgt? Wurde das Corporate Design des Vereins konsequent umgesetzt?

4.4.2 Zielerreichung

Die Zielerreichung wird ebenfalls mit Hilfe von Kontrollen festgestellt. Generell wird zwischen Kontrollen während des Kommunikationsprozesses (Parallelkontrolle) und zum Abschluss einer Maßnahme (Endkontrolle) unterschieden.

Um das Scheitern von mittel- und langfristigen Kommunikationsstrategien zu vermeiden, ist die Endkontrolle[117] im Sinne eines Soll-Ist-Vergleichs nach Abschluss einer jeden Phase durchzuführen. Ein Ziel ist dann erreicht, wenn die Kommunikationsstrategie erfolgreich umgesetzt wurde. Die Endkontrolle umfasst die Überprüfung der qualitativen und quantitativen Ziele und Strategien anhand des erreichten Ist-Zustands. Die quantitative Kontrolle erfolgt durch den Soll-Ist-Vergleich von Kennziffern, d.h. Mitglieder-/Kundenzahl, Einnahmen, Umsatz usw. Die qualitative Kontrolle kann sich schwieriger gestalten, da sie oftmals von subjektiven Bewertungen und Einschätzungen abhängig ist. Eine weitere Möglichkeit ist die Erhebung von Response- und Recall-Werten mit Blick auf die eingesetzten Kommunikationsmittel. Im Bereich des Online-Marketings ist der Erfolg anhand der Anzahl der Nutzer (User) und Besucher (Visitors) der Vereins-Website sowie der Klickrate messbar.

Die Parallelkontrolle umfasst die Fortschrittskontrolle, die die Termine und Zwischenschritte von Kommunikationsmaßnahmen überwacht. Darüber hinaus sind auch qualitative Veränderungen, z.B. der Umfeld- oder Marktgegebenhei-

---

[117] Vgl. Freyer (2011), S. 638-641.

ten zu registrieren. Fehleinschätzungen sind zu korrigieren, indem die aktuellen Maßnahmen den sich verändernden Entwicklungen angepasst werden. Dies erfolgt mittels permanenter Kontrolle und durch einen ständigen Datenabgleich zwischen den Ist- und Soll-Größen in der Implementierungsphase. Alle Ergebnisse der Parallel- und Endkontrollen sind zusammen mit den Kampagnendokumenten und Belegexemplaren zu archivieren. Das Archiv kann eine wertvolle Informationsquelle für die Planung künftiger Kampagnen und Aktionen sein.

4.4.3 Ursachenanalyse[118]

Sollte sich aufgrund der genannten Kontrollen eine Abweichung von dem gewünschten Zustand ergeben, so sind die Ursachen für diese Abweichung zu ermitteln. Dazu ist eine Rückkopplung mit den vorherigen Phasen notwendig. Folgende Fragestellungen müssen im Rahmen der Ursachenforschung berücksichtigt werden: Waren die Prämissen der Analysephase falsch? Haben sich die aktuellen Trends oder Marktbedingungen geändert? Gab es entscheidende Änderungen innerhalb des Vereins, die sich auf die Prämissen ausgewirkt haben? Waren die Ziele zu hoch oder zu niedrig gesteckt? Wurde die richtige Kommunikationsstrategie gewählt? Wurden die richtigen Kommunikationsinstrumente mit Blick auf die identifizierten Anspruchsgruppen und Motive gewählt? War die Implementierung der Strategie bezüglich der Organisation oder Allokation von Ressourcen fehlerhaft?

4.4.4 Konsequenzen

Die Ergebnisse der Ursachenanalyse führen zu den notwendigen Anpassungen. Liegen die Ursachen der Abweichung in der Implementierungsphase, so bieten sich eher kurzfristige Sofortmaßnahmen zur Änderung der eingesetzten Instrumente an. Liegen die Abweichungen hingegen in der Analyse- und Strategiephase, so ist die grundsätzliche strategische Vorgehensweise in Frage zu stellen. In diesem Fall wird die Entwicklung eines neuen Kommunikationskonzeptes erforderlich.

Im Zuge der Entwicklung eines neuen Kommunikationskonzeptes sollte auch in Erwägung gezogen werden, das gesamte Marketingkonzept des Sportvereins auf den Prüfstand zu stellen. Die obigen Fragestellungen finden dann, entsprechend abgewandelt, auf die jeweiligen Phasen des Marketingkonzepts Anwendung.

4.4.5 Marketing-Controlling in Sportvereinen

Der Tätigkeitsbereich des Controllings gewinnt mit Blick auf Nonprofit-Organisationen zwar zunehmend an Bedeutung, trotzdem steht ein umfassendes Controlling im organisierten Sport erst am Anfang.

---

[118] ebeda.

"Insgesamt muss konstatiert werden, dass für die Sportbranche derzeit weder aus theoretischer noch aus praktischer Sicht eine Beschreibung der betriebswirtschaftlich gebotenen bzw. tatsächlich eingesetzten Methoden und Instrumente des Controllings existiert."[119]

Controlling ist nicht allein als Kontrolle zu verstehen, sondern „umfasst neben der Planung, Beschaffung, Analyse und Aufbereitung erfolgsbezogener Informationen, auch die Koordination von Planungs- und Kontrollprozessen."[120]

Controllingmaßnahmen helfen, ein zielgerichtetes Marketing-Konzept zu entwickeln und führen bei Zielabweichungen zu Ursachenanalysen und ggf. zu Konsequenzen für den gesamten Marketingprozess. Durch den Einsatz eines systematischen Controllings kann zudem die Transparenz erreicht werden, die dem Verein infolge des Zwangs zur Wirtschaftlichkeit und durch den zunehmenden Druck seitens verschiedener Anspruchsgruppen oftmals abverlangt wird. Ausgehend von diesem umfassenden Verständnis des Controllingbegriffes erfüllt das Nonprofit-Controlling folgende Funktionen[121]:

Koordinationsfunktion: Diese bezieht sich auf die Koordination verschiedener Aktivitäten, die auf verschiedenen Hierarchiestufen eine Qualitätsverantwortung tragen. Demnach unterscheidet man zwischen der horizontalen Koordination, d.h. der Abstimmung von Maßnahmen auf gleicher Hierarchiestufe, und der vertikalen Koordination, der Abstimmung von Aktivitäten auf unterschiedlichen Hierarchiestufen.

Informationsversorgungsfunktion: Hier geht es um die Verknüpfung der generierten Informationen mit weiteren relevanten Informationen. So wird beispielsweise die Information über die steigende Zahl an Kursteilnehmern verknüpft mit der Entscheidung einen zweiten Kurs einzurichten. Ziel ist es, alle vorhandenen Informationen zu verdichten und miteinander zu kombinieren. Generell umfasst der Informationsprozess die vier Phasen Informationsbedarfanalyse, Informationsbeschaffung, Informationsaufbereitung und Informationsübermittlung.

Planungsfunktion: Diese bezieht sich auf die Bereitstellung von geeigneten Maßnahmen, mit denen die Planungsaktivitäten des Vereins systematisch unterstützt werden, z.B. die Jahresplanung. Dies geschieht beispielsweise durch die kontinuierliche Erhebung erfolgsrelevanter Zielgrößen mit Blick auf die finanziellen, personalbezogenen, anspruchsgruppen- und missionsbezogenen Ziele.

Kontrollfunktion: Hier geht es um die Auswertung der aufeinander aufbauenden Planungs- und Kontrollfunktion. Das Controlling als Kontrollfunktion erkennt und analysiert mögliche Zielabweichungen und deren Ursachen. Es schafft damit die Grundlage für eine neue Zieldefinition und damit für eine neue Planung.

---

[119] Graumann/Thieme (2010), S. 51.
[120] Eschenbach/Horak (2002), S. 396 ff.
[121] Bruhn (2005), S. 477-479.

Die Betriebswirtschaft kennt verschiedene Controlling-Systeme, die im Rahmen dieser Untersuchung nur kurz vorgestellt werden können. Das Wirtschaftlichkeitscontrolling befasst sich mit der Wirtschaftlichkeit des Vereins, die anhand von Deckungsbeitrags- oder Umsatzanalysen ermittelt wird. Das Aufgabencontrolling konzentriert sich auf vorökonomische Indikatoren wie der Zufriedenheit der Leistungsempfänger, Bindung der Anspruchsgruppen oder dem Grad der Missionserfüllung. Die integrierten Controllingsysteme untersuchen sämtliche Bereiche der Wirkungskette des Vereins und damit auch die wirtschaftlichkeitsbezogenen und fachlichen Kriterien. Für die Implementierung der genannten Controlling-Systeme stehen z.B. mit der Balanced Scorecard spezielle Instrumente zur Verfügung, auf die hier nicht weiter eingegangen werden kann.

5. Ausblick

Die vorliegende Untersuchung macht einmal mehr das grundlegende Dilemma deutlich, in dem sich der organisierte Sport heute befindet: Sportvereine, die auf ihrer traditionellen Vereinskonzeption beharren und sich weiterhin ausschließlich als Solidargemeinschaft verstehen, werden es schwierig haben, sich auf die veränderten Sport- und Freizeitinteressen der Konsumenten einzustellen und neue Kreise von Sportinteressierten zu gewinnen. Lassen sich Sportvereine andererseits auf neue, zeitgemäße Angebotsstrukturen ein, um auf die heutigen Sportinteressen und Freizeitbedürfnisse größerer Bevölkerungsgruppen einzugehen, wird es für sie wiederum schwierig, ihren besonderen Charakter als freiwillige Solidargemeinschaft zu bewahren.[122]

Der Spagat zwischen dem Solidargedanken mit dem übergeordnetem Ziel „Sport für alle" und einem preisstabilen Qualitätsangebot gelingt bislang nicht vielen Sportvereinen. Die Spezialisierung auf den Gesundheitssport mit der Schaffung einer kundenorientierten Parallelstruktur neben der traditionellen Vereinsmitgliedschaft kann als ein strategischer Weg gesehen werden, das beschriebene Dilemma zu lösen. Ein Weg, der für die Vereine aber auch eine gewaltige Herausforderung darstellt und der die Anwendung eines systematischen Nonprofit-Marketings unabdingbar macht.

Der erwähnte Sportentwicklungsbericht zeigt allerdings, dass der Notwendigkeit eines professionellen Marketingkonzepts im organisierten Sport bislang keine besondere Bedeutung beigemessen wird – der Begriff Marketing findet in dem Bericht nicht einmal Erwähnung.

Mit Blick auf die hier untersuchte Kommunikationspolitik muss den Vereinsverantwortlichen klar sein, dass sich ein erfolgreiches Kommunikationskonzept konsequent am Nutzen und an den Erwartungen der verschiedenen Anspruchsgruppen des Vereins ausrichten muss. Hier sind die Vereine mehr denn je gefordert, mit ihren unterschiedlichen Anspruchsgruppen in einen mehrdimensionalen[123] Dialog zu treten. Bei einem Blick auf die heutigen Vereins-Websites zahlreicher Sport- und Turnvereine ist jedoch mehrheitlich eine eindimensionale Kommunikation zu beobachten, die sich in erster Linie an Gleichgesinnte richtet.

Trotz der aufgezeigten Chance, die der Gesundheitssport für die Sportvereine darstellt, darf bei einer gesundheitssportlichen Vereinsausrichtung nicht vergessen werden, dass das Gesundheitsmotiv bei vielen Menschen zwar ein gutes Einstiegsmotiv für den Sport ist, das aber als alleinige Grundlage für eine kontinuierliche Sportteilnahme oftmals nicht ausreicht: „Sport, der nur aus Gesundheitsgründen betrieben wird, steht auf wackligen Füßen".[124] Hier müssen attraktive Anschlussangebote entwickelt werden, um die Kunden in Richtung einer dauerhaften Vereinsmitgliedschaft zu bewegen.

---

[122] Vgl. Baur (1995), S. 20.
[123] Mehrdimensional in dem Sinne, dass alle Kommunikationsfelder genutzt werden.
[124] Fuchs (2003), S. 77.

Mit Blick auf die eingangs erwähnten bundes- und landesweit initiierten Sport- und Bewegungsprogramme zur Gesundheitsförderung stellt Mörat in ihrer wissenschaftlichen Bewertung der langjährigen Trimm-Aktionen des Deutschen Sportbundes kritisch fest, dass „die gesundheitswissenschaftliche Perspektive nur ein möglicher Blickwinkel unter vielen ist. Für Public Health ist die Sportförderung nur insoweit relevant, wie dadurch der Gesundheitszustand der Bevölkerung verbessert bzw. beeinflusst werden kann. Sport ist hier Mittel zum Zweck, aber kein Selbstzweck."[125] Der Nutzen dieser Sport- und Bewegungsprogramme für die Vereine und ihre Mitgliederentwicklung sollte demnach nicht überbewertet werden. Außerdem täuschen diese Programme nicht darüber hinweg, dass ein Spannungsverhältnis zwischen dem Thema Gesundheit als Chance und Bereicherung für den Sport und der Gefahr einer übermäßigen gesundheits- und gesellschaftspolitischen Vereinnahmung besteht, über die der Sport seine Kernidentität verlieren kann.[126]

In Anbetracht des beschriebenen Spannungsfeldes zwischen fortschreitender gesellschaftlicher Individualisierung, steigender Wettbewerbsintensität und politischer Vereinnahmung, wird es sich der organisierte Sport künftig immer weniger leisten können, ein professionelles Sportmarketing zu ignorieren, denn: „Wer nicht mit der Zeit geht, geht mit der Zeit."[127]

Für die Zukunftssicherung ihrer Sportvereine werden die Vereinsverantwortlichen deshalb nicht umhinkommen, sich zwei wesentlichen Aufgabenbereichen verstärkt zuzuwenden:[128] An erster Stelle steht die Institutionalisierung und Bekanntmachung des Nonprofit-Marketings als Methode des Vereinsmanagements in den Sportvereinen. Dies umfasst auch die Befreiung des Marketinggedankens von den erwähnten Vorurteilen.
Die zweite Herausforderung besteht in der Anwendung des Nonprofit-Marketings und des dazugehörigen Instrumentariums, wie das hierunter beschriebene Kommunikationskonzept, auf die Sportvereine. Dabei darf Nonprofit-Marketing nicht als Wundermittel verstanden werden, mit dem jedem Verein eine Patentlösung an die Hand gegeben wird. Das Marketing liefert vielmehr eine Methode zur Entwicklung und mit den Marketing-Mix-Instrumenten das Handwerkszeug für die Anwendung eines systematischen Handlungskonzepts. Was der Verein letztlich daraus macht, hängt von mehreren Faktoren ab: seiner eigenen Kreativität, seiner Fähigkeit zur adäquaten Übertragung auf das vorliegende Problem, den konkreten Marktumständen und seiner jeweiligen vereinsinternen Situation.

Mit Blick auf die Kommunikationsbedürfnisse von Sportvereinen liegen die Vorteile eines durchdachten Kommunikationskonzeptes im Rahmen eines Vereinsmarketings auf der Hand: eine größere Breitenwirkung von Aktionen und Veranstaltungen sowie eine wesentliche Imageverbesserung. Ein attraktives Vereinsimage kann wiederum vor allem für die Bindung und Gewinnung von Mitgliedern und Nichtmitgliedern förderlich sein. Nicht zuletzt verhilft eine erst-

---

[125] Mörat (2005), S. 72.
[126] Fuchs (2003), S. 64.
[127] Deutsches Sprichwort (Autor unbekannt).
[128] Freyer (2011), S. 645.

klassige Reputation dem Verein zu einem besseren Standing gegenüber politischen, wirtschaftlichen und medialen Einflussgrößen und erlaubt somit eine leichtere Umsetzung der Vereinsziele. Aus diesen Gründen ist ein professionelles Kommunikationskonzept für Sportvereine heute überlebenswichtiger denn je.

Literatur- und Quellenverzeichnis

Literatur

Baur, J. (1995): Standortbestimmung des Breitensports – in der Gesellschaft. Unveröffentlichtes Vortragsmanuskript für die 1. Bundeskonferenz Breitensport des DSB am 29.9.2995 in Potsdam.

Beck-Texte (2010) Bürgerliches Gesetzbuch: 76. Auflage, dtv.

Birkigt, K. / Stadler, M.M. Hg. (2000): Corporate Identity – Grundlagen. Landsberg am Lech, Verlag Moderne Industrie.

Bischof, N. (1985), Das Rätsel Ödipus. Die biologischen Wurzeln des Urkonflikts von Intimität und Autonomie. München, Verlag Piper.

Bischof, N. (1993). Die Regulation der sozialen Distanz - von der Feldtheorie zur Systemtheorie. Zeitschrift für Psychologie, 201, 5.3.

Bode, O. (2010): Theoretische Konzepte der Unternehmenskommunikation, Studienbrief im Rahmen des Fernstudiengangs Management für Kultur- und Non-Profit-Organisationen, TU Kaiserslautern.

Breuer Ch. / Wicker P., Sportentwicklungsbericht 2009/2010 – Analyse zur Situation der Sportvereine in Deutschland, Köln 2010, Bundesinstitut für Sportwissenschaft, Deutsche Sporthochschule Köln, Deutscher Olympischer Sportbund.

Bruhn, M. (2005): Marketing für Nonprofit-Organisationen (Grundlagen – Konzepte – Instrumente), Herausgeber: Diller und Köhler, Verlag W. Kohlhammer, Stuttgart.

Bruhn, M. (2010): Marketing für Non-Profit-Organisationen, Studienbrief im Rahmen des Fernstudiengangs Management für Kultur- und Non-Profit-Organisationen, TU Kaiserslautern.

Bruhn, M./Meffert, H.(1998), Hg: Handbuch Dienstleistungsmanagement, Wiesbaden.

Eschenbach R. /Horak Ch. (2003): Führung der Nonprofit-Organisation, Stuttgart, Verlag Schäffer-Poeschel.

Fischel, B. (2005): E-Sportbusiness: Online-Marketing und –Management für Sportvereine, Mörlenbach, Verlag Fischel.

Fombrun **siehe MKN 820!**

Freyer, W. (2011): Sport-Marketing (Modernes Marketing-Management für die Sportwirtschaft), 4 Aufl., Berlin, Erich Schmidt Verlag

Frotscher, S. (2006): 5000 Zeichen und Symbole der Welt, Verlag Haupt, Stuttgart.

Fuchs, R. (2003): Sport, Gesundheit und Public Health. Göttingen. Bern. Toronto.Seattle.

Graumann M. / Thieme L., Hg. (2010): Controlling im Sport, Verlag Erich Schmidt,

Habermas J. (1981): Theorie des kommunikativen Handelns, Bd.1: Handlungsrationalität und gesellschaftliche Rationalisierung, Bd. 2: Zur Kritik der funktionalistischen Vernunft, Frankfurt am Main, Verlag Suhrkamp.

Kirchner (2003), **siehe MKN 820!**

Klein, A. (2001): Kulturmarketing. Das Marketingkonzept für Kulturbetriebe, Auszug „Wie bewerben wir unsere Programme?", München, Verlag dtv.

Landesinstitut für Gesundheit und Arbeit des Landes Nordrhein-Westfalen (Hrsg.) (2010): Alltagsnahe Bewegungsförderung 60+ - Wissenschaftliche Grundlagen und Praxisimplikationen. LIGA.Focus 6. Eigenverlag. Düsseldorf.

Madlik, M. (2011): Sport bewegt NRW - Bewegt gesund bleiben in NRW, Landessportbund NRW (Hg.), Duisburg.

Mörat, V. (2005): Die Trimm-Aktionen des Deutschen Sportbundes zur Bewegungs- und Sportförderung in der BRD 1970 bis 1994, Veröffentlichungsreihe der Forschungsgruppe Public Health, Wissenschaftszentrum Berlin für Sozialforschung (WZB).

Opaschowski, H (2006), Die 10 Gebote des 21. Jahrhunderts, Gütersloh 2006, Gütersloher Verlagshaus.

Opaschowski, H. (2006): Einführung in die Freizeitwissenschaft, Wiesbaden, Verlag VS.

Patalas, T. (2006): Das professionelle 1 x 1: Guerilla-Marketing – Ideen schlagen Budget: Auf vertrautem Terrain Wettbewerbsvorteile sichern, Verlag Cornelsen.

Rager, G / Weber, B. (2010): Innovative Praxisfelder der Unternehmenskommunikation, Studienbrief im Rahmen des Fernstudiengangs Management für Kultur- und Non-Profit-Organisationen, TU Kaiserslautern.

Shannon/Weaver (1949): The mathematical theory of communication, Verlag University of Illinois Press.

Szyszka (2004a) **siehe MKN 820!**

Zerfaß A / Piwinger M., Hg. (2007): Handbuch Unternehmenskommunikation, Verlag Gabler, Wiesbaden.

Quellen
ARD-ZDF-Onlinestudie, www.ard-zdf-onlinestudie.de, Internetnutzung in Deutschland im Zeitraffer, (Internet-Zugriff am 19.05.2011).

IN FORM, Deutschlands Initiative für gesunde Ernährung und mehr Bewegung, Bundesministerium für Ernährung, Landwirtschaft und Verbraucherschutz und Bundesministerium für Gesundheit, www.in-form.de, (Internet-Zugriff am 30.03.2011).

Deutscher Olympischer Sportverband, www.dosb.de/gesundheitssport, (Internet-Zugriff am 05.04.2011).

Deutscher Schwimmverband, www.dsv.de/fachsparten/fitness-gesundheit, (Internet-Zugriff am 05.04.2011).

Deutscher Turnerbund, www.dtb-online.de, (Internet-Zugriff am 05.04.2011).

Gesundheitssportverein Leipzig e.V., www.pro-gesundheit.de, (Internet-Zugriff am 05.04.2011).

Media-Analyse e.V (2010) Pressemedien, www.die-zeitungen.de/Leistung/werbeleistung/aktuelle-reichweiten.html, (Internet-Zugriff am 19.05.2011).

Sportverein Henstedt-Ulzburg e.V., www.sv-hu.de, (Internet-Zugriff am 30.03.2011).

Statistisches Bundesamt, „Private Haushalte in der Informationsgesellschaft" (2010).
Informationstechnologie in privaten Haushalten 2007 in %, www.destatis.de, (Internet-Zugriff am 19.05.2011).

VIBSS (Vereins-Informations-Beratungs- und Schulungssystem) des Landessportbundes NRW: www.wir-im-sport.de/vibss/live/vibissinhalte, Vereinsentwicklung:
   Kleinschmidt, E. für VIBSS-ONLINE, Beitrag vom 05.10.2006 (Internet- Zugriff am 01.04.2011)
   Weyand, I. für VIBSS-Online des Landessportbundes NRW, Beiträge vom 13.02.2006, 14.02.2006, 11.03.2008, 12.03.2008 (Internet-Zugriff am 01.04.2011).
   Schröter, D., Beitrag vom 08.03.2010 für VIBSS-Online (Internet-Zugriff am 01.04.2011).

Schönbrodt, F., Dipl-Psychologe, www.nicebread.de/forschung/zm/zm.html, (Internet-Zugriff am 17.06.2011).

www.slogans.de, Die Datenbank der Werbung, Alexander Hahn und Inga Wermuth, Hamburg, (Internet-Zugriff am 19.05.2011).

Zulauf, J. (2010): Seminarunterlagen des Workshops Non-Profit-Marketing. Die Kommunikationspolitik in der Praxis im Rahmen des Fernstudiengangs Management für Kultur- und Non-Profit-Organisationen, TU Kaiserslautern.

Autorenprofil

Martina Pauly wurde 1963 in Wuppertal geboren. Als Diplom-Übersetzerin für Englisch und Französisch war sie 13 Jahre lang vorwiegend als Freiberuflerin und zeitweilig als Lehrbeauftragte für einen Französisch-Sprachkurs an der Universität Wuppertal tätig. Während dieser Zeit sammelte die Autorin umfangreiche Erfahrung auf dem Gebiet der interkulturellen Kommunikation. Im Jahre 2002 wechselte sie in die Leitungsassistenz einer internationalen gemeinnützigen Organisation, wo sie sich erstmalig mit dem Thema Kommunikationspolitik auseinandersetzte. Motiviert durch diese Tätigkeit nahm sie 2009 ein berufsbegleitendes Fernstudium zum Manager für Kultur- und Nonprofit-Organisationen an der Technischen Universität Kaiserslautern auf, das sie 2011 mit dem Master-Titel abschloss. Eigene wissenschaftliche Studien und ihre weitreichende berufliche Erfahrung motivierten die Autorin, sich im vorliegenden Buch der Problemstellung der Kommunikation in einer gemeinnützigen Organisation wie dem Sportverein zu widmen.